AF509578

ACCORD

DU CHRISTIANISME

ET

DE LA RAISON.

Par M. GAUCHAT, *Abbé Commendataire*
de S. Jean de Falaise, & Chanoine
de Langres.

Dédié à Son Eminence Monseigneur le
Cardinal DE CHOISEUIL, Arche-
vêque de Besançon, Prince du saint
Empire.

TOME PREMIER.

A PARIS,

Chez CLAUDE HERISSANT, rue neuve Notre-
Dame, à la Croix d'or & aux trois Vertus.

M. DCC. LXVIII.
Avec Approbation & Privilége du Roi.

A SON EMINENCE
MONSEIGNEUR
LE CARDINAL
DE CHOISEUIL,
ARCHEVÊQUE DE BESANÇON,
PRINCE DU S. EMPIRE.

MONSEIGNEUR,

LA haute naiſſance, les talens, les dignités illuſtrent aux yeux des hommes : mais n'eſtimer ces titres ſi reſpectables que pour les faire ſervir au progrès de la Religion, c'eſt ce qui forme la gloire la

plus solide & la plus durable.

Ainsi, MONSEIGNEUR, d'il-
lustres Prélats qui pendant des
siécles ont maintenu dans le
Diocèse de Votre Eminence
une foi incorruptible, & cela
au milieu même des Provin-
ces ravagées par l'hérésie, se
sont-ils immortalisés. Votre
Eminence marche sur de si
glorieuses traces : animée de
cet esprit de zèle, elle sçait
écarter l'impiété & le mensonge d'une Eglise où regna
toujours la vérité & la vertu.

C'est, MONSEIGNEUR, ce
qui m'a donné la confiance de
présenter à Votre Eminence
un Ouvrage analogue aux be-

soins d'un siécle si fécond en erreurs. Sans cesse nos faux Philosophes opposent à la Religion une prétendue raison. Rien donc n'est plus essentiel que d'exposer l'harmonie admirable qui les réunit. Emanées l'une & l'autre du même Dieu , elles présentent sous diverses faces la même empreinte de vérité : & en dévelopant le Christianisme entier, c'est la raison elle-même qui justifie , qui impose le sacrifice de nos lumiéres qu'exige la hauteur de la foi.

Tel est, MONSEIGNEUR, le plan ; tel est l'unique objet de cet Ouvrage : celui de faire connoître & respecter cette Re-

ligion sainte, que Votre Eminence soutient par son zèle &
décore par ses vertus.

J'ai l'honneur d'être avec
un très-profond respect,

MONSEIGNEUR,

DE VOTRE ÉMINENCE

Le très-humble & très obéissant
Serviteur
GAUCHAT, Chanoine de
Langres.

P R É F A C E.

LE reproche éternel des incrédules aux Chrétiens, c'eft
celui de préjugé, celui d'une foi
aveugle, fans conviction & fans
principe. Pour confondre cette
critique également fauffe & in-
jurieufe, oppofons-lui un argument, qui dévelopé, approfondi,
montrera les lumiéres & la juftefle
du Chrétien, vengera la Religion
des infultes d'une fauffe Philo-
fophie. Cet argument, c'eft *l'Accord général du Chriftianifme
& de la Raifon.* Tel eft le plan
de cet Ouvrage divifé en neuf
Chapitres formés de plufieurs
Sections, qui embraffent comme
par un ordre géométrique & une

gradation liée & fuivie toutes les vérités chrétiennes.

Le premier traite de Dieu, fource & objet de toute Religion. Son exiftence, fon effence, fa providence, fa fainteté, fa puiffance, fa juftice, fa bonté, &c. autant de perfections radicales, effentielles au premier Etre.

Le fecond dévelope l'homme dans fa nature, & prouve fa fpiritualité, fa liberté, fon immortalité.

Le troifiéme difcute les rapports, les liens entre Dieu & l'homme. Il eft des liens éternels fondés fur la nature des chofes, il en eft de pofitifs dépendans d'une libre volonté de Dieu; & nous ne pouvons les connoître que par une manifeftation nouvelle. Telle eft la Révélation chrétienne.

Le quatriéme Chapitre établit les caractéres de divinité, qui doivent attefter une manifeftation célefte. Le fceau de la vérité éternelle a confacré les oracles de Moyfe & de Jefus - Chrift : le fceau de la lumiére infinie éclate dans les Prophéties. Dieu feul pouvoit percer l'abyfme des cœurs, & la nuit des temps. Le fceau de la puiffance fuprême brille, foit par les miracles qui montrent l'Auteur de la nature, foit dans l'établiffement de la Religion qui annonce plus noblement encore le Dieu des efprits & des cœurs.

Ces fceaux divins conftatés & avérés, on éxamine l'objet, l'étenduë de la révélation, le dogme, la morale, le culte. Il eft dans le Chriftianifme des dogmes analogues à la raifon : il en eft d'incompréhenfibles à la raifon, mais dont l'incompréhenfibilité même a fa convenance, fa racine, fes preuves, fes motifs, dans la plus faine raifon. Ainfi il n'eft aucun dogme oppofé, foit à la vérité, foit à l'ordre. Un détail court & précis prouve cette *non-contradiction.*

Le fixiéme Chapitre dévelope la morale chrétienne fous quatre caractéres. Sa piété trace nos rapports avec le prochain & la patrie : fa fageffe, nos rapports avec nous-mêmes : fa fublimité, la racine de tous les confeils évangéliques, puifée dans la raifon, & n'exprimant fous fes maximes les plus étonnantes que des conféquences pures & fublimes émanées de la raifon.

Le feptiéme propofe le culte fous trois faces : fa néceffité tirée de la Loi même de nature : fa fageffe & fon utilité dans le rapport qu'il a avec nos facultés & nos befoins : fon efprit qui fous l'écorce & l'image des chofes fenfibles exprime les plus grandes vérités.

D'après cette image compléte de la Religion, le huitiéme Chapitre expofe les voies qui y conduifent. Il eft des voies du côté de Dieu : il fçait par des lumiéres, des dons, éclairer l'efprit, & former le cœur. Il eft des voies extérieures du côté de la Religion. Parlant à tous les hommes fuivant leur état & leurs befoins, fes voies font différentes, relativement, foit aux Profélytes, foit à fes membres, foit aux Sectaires.

De là enfin le dernier Chapitre établit que la Religion étant vraie, eft néceffairement une : que cette unité profcrit toutes les fauffes Religions, confacre l'*identité* du vrai Judaïfme & du Chriftianifme, & condamne l'indifférence des Religions.

Ce tableau de la folidité &

de l'enchaînement admirable du Chriſtianiſme démontre non-ſeulement que les Chrétiens ne ſont ni aveugles, ni ſuperſtitieux, ni imbécilles dans leur foi ; mais que c'eſt par là même qu'ils méritent le titre & la gloire des vrais Philoſophes, d'eſprits éclairés & judicieux. Nul objet poſſible où la raiſon exerce ſes facultés avec plus de juſteſſe & de pénétration, que dans les recherches, ſoit de l'exiſtence, ſoit des racines & des rapports de la Religion.

Pour remplir entiérement le titre d'*Accord*, *&c.* nous avons mis à la tête de chaque Section une ſuite de textes de l'Ecriture, extraits par ordre depuis la Genèſe juſques à l'Apocalypſe. Nous ne les citons point aux incrédules, préciſément comme *preuves*, mais comme *faits* : faits cependant qui médités & appréciés les conduiſent aux preuves , rentrent dans l'ordre des preuves.

Ces textes unis , qui par là se prêtent une force mutuelle, ont encore un autre objet : celui de montrer aux Chrétiens la Religion entiére, tirée de l'Ecriture, fondée sur l'Ecriture. Théologie lumineuse & consolante ! Sous ce recueil d'oracles , elle prouve sensiblement que le même Dieu est auteur de la Religion & de la Raison.

Le plan de cet Ouvrage semble d'abord présenter une étenduë immense : effectivement tout ce qui a rapport à la Religion, peut y être amené ; mais ici nous nous bornons à l'enchaînement de toutes les vérités chrétiennes , à leur source dans la raison , à leur analogie avec la raison. C'est la seule face , (face si nécessaire dans ce siécle ,) sous laquelle nous les dévelopons. Ainsi ce raisonnement fuivi, quoique court & précis, n'en fera que plus utile, s'il n'omet rien d'effentiel ; & voilà ce qu'on a tâché d'exécuter.

AVERTISSEMENT.

LEs notes mifes au bas des pages des textes de l'Ecriture, ont pour objet d'en lier la fuite. Il eft effentiel de les lire pour faifir le fens & l'application des paffages. Chacune de ces notes ouvre un paragraphe différent : on en fentiroit moins le but & l'harmonie, fi on le féparoit des notes.

E R R A T A.

Page 14, ligne 17, unité, *lisez* vérité.

27, ligne 15, l'attrait, & même ce qui est involontaire, *ôtez* ce qui est.

53, ligne 6, après positif, *mettez deux points*, & *ôtez le point* après nature.

54, ligne 10, l'univers, *l.* lumière.

70, ligne 17, voyez seulement, *mettez le point après le mot* voyez.

85, ligne 20, dans l'ordre, *l.* que dans l'ordre.

Ligne 21, peut nous édifier, *l.* pour.

95, ligne 14, *après le mot* ordre *ôtez le point*.

96, ligne 25, bien possible, *l.* lien.

97, ligne 20, certitude, *l.* rectitude.

157, ligne 9, seroient-elles inséparables, *ôtez le mot* elles.

220, ligne 25, dispose, *l.* dépose.

225, ligne 6, après essentielle, *ajoutez* fondée sur ses promesses.

252, ligne 12, a gravé, *l.* agrave.

268, ligne 25, étudier les loix, *l.* éluder.

287, ligne 16, elle est dans la nature des choses, *l.* il est, & *ôtez le point*.

325, ligne 5, *ôtez le point après* coupable *pour le mettre à la ligne suivante après* bon.

333, ligne 25, vivacité, *l.* véracité.

337, ligne 13, Pithées, *l.* Pithies.

HARMONIE

HARMONIE GENERALE
DU CHRISTIANISME
ET DE LA RAISON.

CHAPITRE PREMIER.
DIEU.

Textes de l'Ecriture Sainte.

L'On n'a pas prétendu extraire tous les Textes de l'Ecriture relatifs à chaque Section: le recueil eût été immense. On s'est borné aux Textes principaux & décisifs.

Si plusieurs Textes ne paroissent pas d'abord liés avec l'objet de la Section, il suffit de la lire pour en découvrir l'analogie. De courtes observations en montrent clairement le rapport & la liaison. On a cru ne devoir insérer ces Notes que dans la traduction Françoise; traduction convenable dans un Ouvrage de même idiome. C'est ce qui a décidé à insérer les Textes en Latin & en François.

TEXTES.

JE fuis celui qui eft...
Ce nom eft celui que
j'ai dans toute l'éter-
nité. [*]

Toutes les nations ne
font devant lui que com-
me une goutte d'eau qui
tombe d'un feau , &
comme ce petit grain
qui donne à peine la
moindre inclination à la
balance : toutes les ifles font devant
fes yeux comme un petit grain de
pouffiére.

Tous les peuples du
monde font devant lui
comme s'ils n'étoient
point.

Je n'abandonnerai point
ma gloire à un autre.

C'eft moi qui fuis le
premier & qui fuis le
dernier : c'eft ma main

Ego fum qui
qui fum...
hoc nomen
mihi eft in æter-
num. *Exod.* 3.
14. 15.

Ecce gentes
quafi ftilla fitu-
læ , & quafi mo-
mentum ftateræ
reputatæ funt :
ecce infulæ quafi
pulvis exiguus.
If. 40. 15.

Omnes gentes
quafi non fint. *Ib.*
℣. 17.

Gloriam meam
alteri non dabo.
If. 48. 11.

Ego ipfe, ego
primus , & ego
noviffimus. Ma-
nus quoque mea

[*] Dieu eft l'Etre par effence. Ce titre
feul nous peint , fous une idée ineffable , fa
majefté , fa grandeur.

TEXTES.

undavit terram, & dextera mea menfa eft cœlos: ego vocabo eos, & ftabunt fimul. *If.* 48. 12. 13.

qui a fondé la terre ; c'eft ma main droite qui a mefuré les cieux : je les appellerai, & ils fe préfenteront tous enfemble devant moi.

Quis Deus magnus ficut Deus nofter ? Tu es Deus qui facis mirabilia. *Pf.* 76. 14. 15.

Quel eft le Dieu auffi grand que notre Dieu ? Vous êtes le Dieu qui opérez des merveilles.

Non nobis, Domine, non nobis, fed nomini tuo da gloriam. *Pf.* 113. 9.

Ne nous en donnez point, Seigneur, ne nous en donnez point la gloire ; donnez-la à votre nom.

Quid eft tibi, mare, quòd fugifti? Et tu Jordanis, quia converfus es retrorfum ? A facie Domini mota eft terra, à facie Dei Jacob. *Pf.* 113. 5. 7.

Pourquoi, ô mer, vous êtes-vous enfui ? Et vous, ô Jourdain, pourquoi êtes-vous retourné en arriére? …. La terre a été ébranlée à la préfence du Seigneur, à la préfence du Dieu de Jacob.

Quis fufficit enarrare opera illius ? Quis enim

Qui fera capable de compter fes ouvrages ?

TEXTES.

Qui pourra pénétrer ses merveilles ? ... Lorsque l'homme sera à la fin de cette recherche, il trouvera qu'il ne faut que commencer : & après s'y être long-temps appliqué, il ne lui en demeurera qu'un profond étonnement.

invesigabit magnalia ejus ? ... Cùm consummaverit homo, tunc incipiet ; & cùm quieverit, aporiabitur. *Ecli.* 18. 2. 3. 6.

Le Seigneur est seul & unique.

Dominus unus est. *Deut.* 6. 4.

Considérez que je suis le Dieu unique, qu'il n'y en a point d'autre que moi seul.

Videte quòd ego sim solus, & non est alius Deus præter me. *Deut.* 32. 39.

Dieu est plus élevé que le ciel. [*]

Deus excelsior cœlo. *Job.* 22. 12.

Le ciel est mon thrône, & la terre mon marche-pied.

Cœlum sedes mea, terra autem scabellum pedum meorum. *Is.* 66. 1.

Sa gloire a couvert les cieux.

Operuit cœlos gloria ejus. *Hab.* 3. 3.

[*] Les images sensibles que l'Ecriture nous trace de la majesté de Dieu, servent à imprimer cette haute idée dans nos cœurs.

TEXTES.

Terra mota eſt, cœlique ac nubes diſtillaverunt aquis. Montes fluxerunt à facie Domini, & Sinaï à facie Domini Dei Iſraël. *Judic.* 5. 4. 5.

La terre a tremblé, les cieux & les nuées ſont fondues en eau : les montagnes ſe ſont écoulées comme l'eau devant la face du Seigneur, auſſibien que Sinaï en la préſence du Seigneur du Dieu d'Iſraël.

Inclinavit cœlos, & deſcendit ; & caligo ſub pedibus ejus. Et aſcendit ſuper Cherubim, & volavit ; & lapſus eſt ſuper pennas venti. *II. Reg.* 22. 10. 11.

Il a abbaiſſé les cieux, & eſt deſcendu : un nuage ſombre étoit ſous ſes pieds. Il a monté ſur les Chérubins, & il a pris ſon vol : il a volé ſur les aîles des vents.

Solus potens, Rex regum, & Dominus dominantium : qui ſolus habet immortalitatem, & lucem habitat inacceſſibilem ; quem nullus hominum vidit, ſed nec videre poteſt : cui honor & imperium ſempiternum. Amen. *I. Tim.* 6. 15. 16.

Dieu eſt le ſeul puiſſant, le Roi des Rois, le Seigneur des Seigneurs, qui ſeul poſſede l'immortalité, qui habite une lumiére inacceſſible, que nul des hommes n'a vu & ne peut voir, à qui eſt l'honneur & l'empire dans l'éternité. Amen.

TEXTES.

Je suis l'alpha & l'omega, le commencement & la fin, dit le Seigneur, qui est, qui étoit & qui doit venir, le Tout-puissant.

Ego sum alpha & omega, principium & finis, dicit Dominus Deus, qui est, & qui erat, & qui venturus est, omnipotens. *Apoc.* I. 8.

Ils ne cessoient jour & nuit de dire : Saint, saint, saint est le Seigneur Dieu tout-puissant, qui étoit, qui est, & qui doit venir. Et lorsque ces animaux rendoient gloire, honneur & action de graces à celui qui est assis sur le thrône, qui vit dans les siécles des siécles, les vingt-quatre vieillards se prosternoient devant celui qui est assis sur le thrône, & ils adoroient celui qui vit dans les siécles des siécles, & ils jettoient leurs couronnes devant le thrône, en disant : Vous êtes digne,

Et requiem non habebant die ac nocte dicentia : Sanctus, sanctus, sanctus Dominus Deus omnipotens, qui erat, & qui est, & qui venturus est. Et cùm darent illa animalia gloriam & honorem & benedictionem sedenti super thronum, viventi in sæcula sæculorum, procedebant viginti quatuor seniores ante sedentem in throno, & adorabant viventem in sæcula sæculorum, & mittebant coronas suas ante thronum, dicentes : Dignus es, Domine Deus

TEXTES.

noster , accipere gloriam , & honorem , & virtutem , quia tu creasti omnia , & propter voluntatem tuam erant , & creata sunt. *Apocal.* 4. 8. & *seqq.*

ô Seigneur notre Dieu, de recevoir gloire , honneur & puissance , parce que vous avez créé toutes choses , & que c'est par votre volonté qu'elles subsistent & qu'elles ont été créées.

Throni positi sunt , & antiquus dierum sedit. .. Thronus ejus flammæ ignis. ... Fluvius igneus rapidusque egrediebatur à facie ejus. Millia millies ministrabant ei , & decies millies centena millia assistebant ei. *Dan.* 7. 9. 10.

Des thrônes furent placés , & l'ancien des jours s'assit. ... Son thrône étoit des flammes ardentes. ... Un fleuve de feu & très-rapide sortoit de devant sa face : un million d'Anges le servoient , & mille millions assistoient devant lui.

Paveant Deum Danielis : ipse enim est Deus vivens in æternum ; & regnum ejus non dissipabitur , & potes-

Que tous mes sujets révérent le Dieu de Daniel avec crainte & avec tremblement : car c'est lui qui est le Dieu vivant, [*]

[*] Le Dieu vivant est éternel, est immuable : deux augustes attributs liés.

TEXTES.

l'Eternel : son royaume ne sera jamais détruit, & sa puissance passera jusques dans l'éternité.

Avant que les montagnes eussent été faites, ou que la terre eût été formée & tout l'univers, vous êtes Dieu de toute éternité, & dans tous les siécles.... Devant vos yeux mille ans sont comme le jour d'hier qui est passé.

Vous avez, Seigneur, dès le commencement fondé la terre ; & les cieux sont l'ouvrage de vos mains. Ils périront ; mais vous subsistez dans toute l'éternité : ils vieilliront tous comme un vêtement. Vous les changerez comme un habit dont on se couvre : & ils seront en effet changés ; mais pour vous, vous êtes toujours le même, & vos années ne passeront point.

tas ejus usque in æternum. *Dan.* 6. 26.

Priusquàm montes fierent, aut formaretur terra & orbis, à sæculo & usque in sæculum tu es Deus.... Mille anni ante oculos tuos tanquam dies hesterna quæ præteriit. *Ps.* 89. 2. 4.

Initio tu, Domine, terram fundasti ; & opera manuum tuarum sunt cœli. Ipsi peribunt, tu autem permanes ; & omnes sicut vestimentum veterascent : & sicut opertorium mutabis eos, & mutabuntur ; tu autem idem ipse es, & anni tui non deficient. *Ps.* 101. 26. *& seqq.*

TEXTES.

Ipfe mutat tempora & ætates, transfert regna atque conftituit. *Dan.* 2. 21.

C'eft lui qui change les temps & les fiécles, qui transfere & établit les royaumes.

Vivo ego in æternum. *Deut.* 32. 40.

Je vis éternellement.

Juravit per viventem in fæcula fæculorum. . . . . quia tempus non erit amplius. *Apoc.* 10. 6.

L'Ange jura par celui qui vit dans les fiécles des fiécles. . . . qu'il n'y auroit plus de temps.

Regi fæculorum immortali, invifibili, foli Deo honor & gloria in fæcula fæculorum. Amen. *I. Tim.* 1. 17.

Au Roi des fiécles, immortel, invifible; à l'unique Dieu foit donc honneur & gloire dans les fiécles des fiécles. Amen.

Domine Deus omnipotens, qui es, & qui eras, & qui venturus es. *Apoc.* 11. 17.

Seigneur, Dieu tout-puiffant, qui êtes, qui étiez, & qui devez venir. [*]

Quò ibo à fpiritu tuo? & quò à facie tua fugiam? Si afcendero in cœlum, tu illic es: fi

Où irai-je pour me dérober à votre efprit? & où m'enfuirai-je de devant votre face? Si je

[*] Dieu renferme tout, eft préfent à tout.

TEXTES.

monte dans le ciel, vous y êtes : fi je defcens dans l'enfer, vous y êtes encore…. Et fi je vais demeurer dans les extrêmités de la mer, votre main même m'y conduira.

defcendero in infernum, ades… Si habitavero in extremis maris, etenim illuc manus tua deducet me. Pf. 138. 7. & feqq.

C'eft en lui que nous avons la vie, le mouvement & l'être.

In ipfo vivimus, movemur & fumus. Act. 17. 28.

Vive le Seigneur des armées en la préfence duquel je fuis.

Vivit Dominus exercituum, in cujus confpectu fto. IV. Reg. 3. 14.

Ne fuis-je Dieu que de près, dit le Seigneur ? ne le fuis-je pas auffi-bien de loin ? Celui qui fe cache, fe dérobe-t-il à moi, & ne le vois-je point? N'eft-ce pas moi qui remplis le ciel & la terre, dit le Seigneur ?

Putas-ne Deus è vicino ego fam, dicit Dominus, & non Deus de longè? Si occultabitur vir in abfconditis, & ego non videbo eum ?… Numquid cœlum & terram ego impleo, dicit Dominus? Jerem. 23. 23. 24.

Il eft élevé, il eft immenfe.

Excelfus & immenfus. Bar. 3. 25.

Ne dites pas : Je me déroberai aux yeux de

Non dicas : A Deo abfcondar…. Quæ eft enim ani-

TEXTES.

ma mea in tam immenſa creatura ? Ecce cœlum , & cœli cœlorum, abyſſus & univerſa terra, & quæ in eis ſunt commovebuntur. Montes ſimul & colles , & fundamenta terræ, cùm conſpexerit illa Deus , tremore concutientur.... Et omne cor intelligitur ab illo. *Eccli.* 16. 16. *& ſeq.*

Dieu.... Qu'eſt-ce que mon ame parmi ce nombre innombrable de toutes les créatures ? Le ciel & le ciel des cieux , les abyſmes , toute l'étenduë de la terre & tout ce qui y eſt compris , tremblera à ſa ſeule vuë. Les montagnes , les collines , & les fondemens de la terre ſeront ébranlés de frayeur au moindre de ſes regards.... & il pénétre le fond de tous les cœurs.

Ipſe revelat profunda & abſcondita , & novit in tenebris conſtituta ; & lux cum eo eſt. *Dan.* 4. 22.

C'eſt lui qui revéle les choſes les plus profondes & les plus cachées , qui connoît ce qui eſt dans les ténébres : & c'eſt en lui que ſe trouve la vraie lumiére. [*]

Erat lux quæ illuminat omnem hominem venientem in hunc mundum. *Joan.* 1. 9.

Celui-là étoit la vraie lumiére qui éclaire tout homme venant en ce monde.

[*] Dieu eſt la lumiére, la vérité éternelle.

T E X T E S.

Je suis la voie, la vérité & la vie. *Ego sum via, & veritas, & vita. Joan.* 14. 6.

C'est Dieu qui sonde les cœurs, & qui éprouve les reins. *Scrutans corda & renes Deus. Pf.* 7. 10.

Il éclairera ce qui est caché dans les ténébres : il découvrira les desseins secrets des cœurs. *Illuminabit abscondita tenebrarum , & manifestabit consilia cordium. I. Cor.* 4. 5.

La sagesse souveraine est en Dieu. [*] *Apud ipsum est sapientia. Job.* 12. 13.

Vous avez fait toutes choses avec une souveraine sagesse. *Omnia in sapientia fecisti. Pf.* 103. 24.

O profondeur des trésors de la sagesse & de la science de Dieu ! Que ses jugemens sont impénétrables , & ses voies incompréhensibles ! *O altitudo divitiarum sapientiæ & scientiæ Dei ! Quàm incomprehensibilia sunt judicia ejus , & investigabiles viæ ejus ! Rom.* 11. 33.

Il découvre ce qui étoit caché dans de profondes ténébres , & il produit *Revelat profunda de tenebris , & producit in lucem umbram*

[*] Dieu est la sagesse , la science , l'équité infinie : il est l'ensemble, l'abysme des perfections.

TEXTES.

mortis. *Job.* 12. 22.

au jour l'ombre de la mort.

Tu es Deus conspector sæculorum. *Eccli.* 36. 19.

Vous êtes le Dieu qui voyez tous les siécles devant vous.

Dominus Deus verus est, & Rex sempiternus. *Jerem.* 10. 10.

Le Seigneur est lui-même le Dieu véritable, le Roi éternel.

Deus æterne qui absconditorum es cognitor. *Dan.* 14. 42.

Dieu éternel qui pénétrez ce qui est de plus caché.

Deus scientiarum Dominus est. *I. Reg.* 2. 3.

Le Seigneur est le Dieu de toute science.

Dei perfecta sunt opera, & omnes viæ ejus judicia. Deus fidelis & absque ulla iniquitate, justus & rectus, *Deut.* 32. 4.

Les œuvres de Dieu sont parfaites, & toutes ses voies sont pleines d'équité. Dieu est fidéle dans ses promesses, il est éloigné de toute iniquité, il est rempli de justice & de droiture.

SECTION PREMIERE.

L'exiftence de Dieu.

LA première vérité, bafe néceffaire de la Religion, c'eft Dieu. Tous nos devoirs étant effentiellement relatifs à l'idée d'un Etre fuprême, notre principe, notre regle, nôtre fin, il faut donc que la Religion, avant toute autre notion, nous annonce le Dieu qu'elle adore. Exifte-t-il ? Renferme-t-il dans fon effence des perfections ineffables ? La puiffance, l'immutabilité, la vérité, la providence, la fainteté, la bonté, la juftice, tout ce qui conftitue l'Etrè infini ? Voilà ce que la Raifon doit démontrer ; parce que, s'il n'y a point de Dieu *tel*, il n'eft point de Religion poffible.

L'exiftence de Dieu eft une unité, que (rigoureufement parlant) l'on n'eft point obligé de prouver. Elle eft fi palpable, qu'il ne faut qu'un regard pour s'en convaincre. Après l'idée de *foi*, l'idée de fon exiftence, de fa confcience intime ; la premiere qui s'offre avec évidence, c'eft l'idée d'un premier Etre, notre principe, notre créateur : & cette idée feule équivaut à toutes les démonftrations, renferme & préfente toutes les démonftrations. Cependant, pour la confufion des impies, pour la confolation des Fidéles, préfentons un précis rapide des principales preuves de l'exiftence de Dieu.

Quelque chofe *eft* : donc il exifte un Etre infini, éternel. La conféquence eft géométrique. Car enfin fuppofons dans l'immenfité des fiécles un feul moment où rien n'ait exifté, ce moment eft néceffairement éternel ; parce qu'il eft évident que le néant ne peut rien produire ; ou bien il feroit néant, & tout à la fois il ne le feroit pas. Ainfi donc, comme il eft métaphyfiquement impoffible que dans toute l'éternité il y ait un feul inftant de néant : il eft métaphyfiquement certain que de toute éternité il a exifté un Etre : cet Etre c'eft Dieu.

Comment donc a-t-il eu fon exiftence ? De lui-même, de l'excellence de fa nature, de l'impoffibilité que cela foit autrement. Il ne l'a pas reçue ; car il l'auroit reçue d'un Etre plus parfait, &

lui-même ne feroit pas Dieu. Il ne fe l'eft pas donnée : le néant peut-il fe changer en Etre infini ? Il la donc par fa propre effence : il tient de fa nature & fon être & fes perfections infinies. Voilà ce que l'efprit humain ne comprendra jamais , & ce qui cependant eft auffi clairement démontré que cet axiome, *Le tout eft plus grand que fa partie* ; puifque fi cet Etre n'exiftoit pas tel , il fuivroit que le néant l'auroit produit : ce qui eft l'abfurdité & la contradiction.

Il eft des êtres bornés & contingens : donc il exifte un Etre néceffaire, éternel. Car enfin ce qui eft contingent, a pu être ou ne pas être ; être tel, ou ne pas être tel : & fon exiftence & fes modalités , tout a été arbitraire. Donc tout a été formé , déterminé par un Créateur & Etre néceffaire. Une gradation infinie de caufes finies répugne métaphyfiquement. Quelque immenfe qu'on fuppofe cette chaîne de caufes finies , une fois épuifées, il faut néceffairement parvenir à une caufe toutepuiffante. En vain voudroit-on fuppofer une éternité de fiécles pour alléguer une éternité de caufes contingentes : c'eft ſe démentir dans les termes. Chacune de ces cauſes (fuſſent-elles accumulées pendant des ſiécles éternels,) eſt contingente : donc elle a reçu l'être. Cette ſucceſſion de cauſes finies conduit donc néceſſairement à la cauſe infinie , ou bien ce ſeroit dire encore que le néant a produit ; toute cauſe finie étant , en genre de production créatrice , un pur néant.

L'univers démontre au premier regard l'exiſtence de Dieu : mais quand on réfléchit ſur ce ſpectacle , chaque être multiplie les démonſtrations. Bornons-nous à quelques-unes des plus frappantes. D'abord ce monde ne peut être éternel , ni exiſter par lui-même. La matiére brute qui ne ſent pas même ſon exiſtence , ne peut ni l'avoir par ſa nature , ni ſe l'être donnée. Ainſi il eſt des êtres matériels : donc il exiſte un Etre puiſſant & éternel , cauſe néceſſaire de leur exiſtence. La démonſtration eſt géométrique.

La matiére ne peut ni ſe donner le mouvement , ni le modifier , ni le ceſſer : tout y ſeroit néceſſaire , puiſqu'elle eſt purement paſſive & inerte. Or il eſt un mouvement fixé , déterminé , varié , communiqué, perpétué par des loix admirables : donc il eſt un Moteur ſpirituel qui l'imprime avec autant de liberté que de ſageſſe & de puiſſance.

La matiére eſt inerte dans ſes parties intimes & ſes propriétés. Chaque corps élémentaire a ſes atomes primitifs (ſi l'on peut ainſi s'exprimer,) taillés, indeſtructibles, ſes propriétés fixes & durables ; l'air, ſes particules élaſtiques ; l'eau, le feu, la terre, les ſels, les minéraux telle conformation intime. Or ces corps étant brutes & paſſifs n'ont pu arranger ni leur forme, ni leurs propriétés. Comme il eſt métaphyſiquement impoſſible qu'ils les tiennent d'eux-mêmes, il eſt de la même certitude qu'une main ſage & puiſſante a opéré ces merveilles. Ainſi tout ce qu'il y a de beauté & d'ordre dans les corps, annonce le pouvoir, la liberté, la ſageſſe d'un Créateur.

La matiére eut-elle le mouvement, les propriétés ; de-là encore, nul rapport aux germes. On croit d'abord n'y voir que le cours ſimple de la nature ; mais en approfondiſſant ce prodige éternel, qui par une pouſſiére deſſéchée reproduit ſans ceſſe des corps végératifs, on ne peut qu'être frappé d'étonnement & d'admiration. Où eſt dans un gland ce reſervoir infini de germes, qui dans l'immenſité des ſiécles produiroient une infinité de chênes? Cherchons dans les fibres d'une graine imperceptible ce laboratoire incompréhenſible où ſe forme la plante, & d'où ſortent toutes les plantes poſſibles qui en naiſſent. Cette idée abſorbe l'eſprit: elle montre une fécondité, une puiſſance qui caractériſe l'Etre infini. Quand, par impoſſible, le mouvement auroit arrangé le monde, il n'y a qu'une ſageſſe & un pouvoir ſans bornes qui puiſſent, par des atomes indeſtructibles & des germes éternels, le rendre durable.

Autre merveille, l'harmonie de l'univers. La même main qui l'a tiré du néant, qui a fixé, taillé chaque corps, déterminé ſes propriétés, a arrangé pour une même fin, dirigé à un même centre, à un même tout, l'enſemble des corps. Le rapport du ſoleil, des planétes, & même du firmament entier à la terre, ce fluide immenſe qui l'environne, cette union, cette *coopération* du feu, de l'air, & des autres

corps élémentaires, pour former l'infinité des corps mixtes & compofés :
cette harmonie eft quelque chofe de
fi furprenant, de fi fimple & de fi grand
tout à la fois, qu'on ne peut y méconnoître le fuprême Modérateur.

Dans cette immenfe combinaifon de
corps, tous variés, tous admirables,
pas un feul objet qui envifagé féparément n'offre des merveilles & dans
fa contexture & dans fes propriétés :
pas un élément, pas un corps mixte qui
ne furpaffe nos lumiéres, qui n'annonce
fous des traits diftincts la puiffance du
Créateur. Le détail feroit trop vafte.
Un mot feulement fur les deux extrêmes ; la grandeur & la petiteffe des
corps.

Accoutumé en quelque forte aux
calculs aftronomiques, on ne fçait pas
affez admirer ce que cette fcience nous
apprend fur l'effroyable étenduë de cet
univers. La terre, ce vafte globe, qui
a neuf mille lieues de circonférence,
n'eft qu'un point vis-à-vis le foleil,
dont le volume furpaffe un million de
fois celui de notre planéte. Le cercle
que décrit la terre, & qui a foixante
millions de lieues de diamétre, n'eft

rien encore vis-à-vis celui de Saturne : il faudroit des ſiécles à un boulet de canon pour le parcourir. Ce tourbillon immenſe du ſoleil n'eſt lui-même qu'un point vis-à-vis la diſtance épouvantable des étoiles : & pour juger de ces globes lumineux, d'après les plus fameux Aſtronomes , [*] chaque étoile eſt un ſoſeil : la plûpart le ſurpaſſent en grandeur. Chaque étoile a un tourbillon auſſi immenſe, (& auſſi ſuſceptible de planétes.) Celles qui paroiſſent à nos yeux, ne ſont rien relativement à celles que le téleſcope nous découvre : encore même ſemble-t-il ne nous montrer, ſous cette multitude prodigieuſe d'aſtres, que la naiſſance d'un horiſon infini d'étoiles qui ſe perd dans la profondeur effroyable du firmament.

Ainſi le Créateur a-t-il ſignalé ſa puiſſance dans ces eſpaces immenſes. Elle n'éclate pas moins dans les corps que la petiteſſe dérobe à nos regards : par-tout on y retrouve cet Etre ſuprême, qui s'eſt comme joué dans la

[*] Voyez les Eſſais Philoſophiques du ſçavant M. Formey Académicien de Berlin.

création de l'univers. Nous aurions cru que nos yeux fixoient les limites des corps & du néant; que ce qui nous est imperceptible, n'existe plus. Le microscope nous a détrompés; & en nous donnant de nouveaux yeux, nous a montré un nouvel univers. Nous y avons vu que les mites & les cirons étoient des animaux parfaits dans leur genre, pourvus de sang, de fibres, & d'une infinité de ressorts; qu'il y avoit une prodigieuse multitude d'autres animaux d'une petitesse incomparablement plus merveilleuse, & dont l'organisation est également réguliére. Quels sont donc leurs fibres, leurs germes ? L'esprit s'y confond. Nous y avons vu les mêmes merveilles dans les parties radicales, & infiniment petites, des corps, soit inanimés, soit végétatifs. Plus on les examine de près, plus on admire, plus on sent que cette même main qui a semé les soleils dans les abysmes du firmament & hors du regard des hommes, a également multiplié les merveilles dans cette infinité d'atômes, dans ces particules primitives que l'œil ne peut appercevoir. En un mot toute la Physique humaine réunie n'offre encore

que l'écorce & la ſuperficie des œuvres du Créateur. [*]

Mais pourquoi recourir à ces objets
étrangers ? L'homme n'a qu'à rentrer
dans lui-même pour y trouver des preuves intimes de la Divinité. Son corps,
ſes ſenſations, ſon ame, ſon cœur, tout
la démontre. Et d'abord qui a pu, par
une merveille ineffable, unir ſi étroitement le corps & l'ame ? Rien de moins
analogue: un chaos impénétrable ſem-
bloit le ſéparer. D'où peut donc pro-
venir leur union ? D'un Etre ſupérieur
& à l'eſprit & à la matiére, d'un Etre
créateur. Celui-là ſeul , qui diſpoſe en
ſouverain des loix phyſiques & des facultés intellectuelles , a pu former un
tout auſſi diſparate, ce ſemble, & auſſi
bien lié.

N'enviſageons enſuite que le corps,
groſſiére partie de nous-mêmes, & admirable cependant. Les plus profonds

[*] La démonſtration de l'exiſtence de Dieu,
par la conſidération des merveilles de la nature , rempliroit des volumes. Il en eſt , ſur cet
objet, de très-ſolides, de très-intéreſſans. Ici
on les ſuppoſe, pour ſe borner à un regard,
qui, quoique rapide , ſuffit, & forme un raiſonnement invincible.

Anatomistes n'en connoissent que la surface. Etonnés du nombre prodigieux
de ses ressorts, de leurs jeux, de leur
liaison, ils la regardent comme la plus
belle machine de l'univers. Que seroit-
ce si, avec des yeux de microscope,
nous en découvrions l'art, la facture
intime, si avec une intelligence plus
étendue nous en saisissions toutes les
merveilles ?

Mais le prodige le plus étonnant du
corps humain, ce sont les sens. Ils
constituent spécialement l'harmonie qui
l'unit à l'ame, & rien ne peut en rendre assez vivement tout le merveilleux.
L'objet frappe-t-il l'œil ? Aussi-tôt une
image corporelle imprimée dans nous,
fait naître un regard : elle y peint,
sans confusion & sous des traits qui
discernent, qui caractérisent chaque
corps, l'univers entier. L'air est-il agi-
té ? Aussi-tôt il porte dans l'oreille une
sensation sonore : chaque mouvement
y est spécial & distinct. Il se reproduit
sur le nombre de ceux qui écoutent.
Un concert également entendu dans
une assemblée nombreuse répete à
tous, avec la même douceur, la même
précision, les tons harmoniques. Le son

produit

produit par la langue eft-il joint à certaines infléxions? Il devient le véhicule
des penfées. Un difcours fait à dix
mille Auditeurs leur rend exactement
les mêmes vérités : un inftant fuffit pour
exécuter ce prodige mille & mille fois
renouvellé chaque jour.

Confidérons l'ame. D'abord elle penfe, elle combine, elle réfléchit. Or une
intelligence quelconque démontre Dieu.
1°. L'intelligence ne peut naître de la
matiére, ce feroit un effet fans caufe,
contradiction formelle. La matiére étant
brute & infenfible ne peut produire ce
qu'elle n'a pas, ce qu'elle n'eft pas.
2°. L'intelligence finie fuppofe néceffairement une intelligence infinie : car enfin elle peut exercer fes facultés intellectuelles, mais elle ne peut former des
fubftances diftinctes d'elle, des fubftances égales à elle ; ou bien par là même
elle feroit infinie. Ainfi de l'efprit
borné, à l'efprit par effence, à l'efprit
infini, la gradation eft néceffaire. Admettre l'un fans l'autre, c'eft fe contredire dans les termes.

Par la même gradation une feule vérité nous conduit à la vérité immenfe
& éternelle. *Deux & deux font quatre :*

de-là , par une progreſſion néceſſaire ; ſe déduit l'infini des vérités numériques : même raiſonnement pour les vérités phyſiques, morales, métaphyſiques. Le peu que nous en connoiſſons, vient néceſſairement de la ſource des vérités , & nous y ramene néceſſairement. Il eſt une vérité , dont il eſt un ſein inépuiſable & infini de vérités : donc il eſt une vérité par eſſence ; la conſéquence eſt infaillible.

Le cœur nous tient le même langage, & ſous des images plus auguſtes encore. Qu'eſt-ce que le cœur ? Ce qui dans nous aime , délibere , choiſit : ce qui eſt ſuſceptible de vertus & de vices , de bonheur ou de malheur. Or où eſt la ſource de ces opérations ? Dans le prototype éternel. Ainſi cete volonté qui deſire le bonheur, qui aime ardemment ſon être & ſa fin , ne peut naître que de cette volonté infinie, qui fait elle-même , qui eſt elle-même ſon amour & ſa félicité. Cette liberté qui choiſit, n'eſt que la foible image de la liberté parfaite & infinie : prérogative du premier Etre. En un mot , aucune faculté poſſible dans les créatures, qui ne nous montre la ſource néceſſaire dans les perfections de Dieu.

Mais ce qui forme ſur-tout le fond, le ſanctuaire du cœur, c'eſt ſa conſcience intime. Là il ſent qu'il exiſte, & il y découvre les traits que ſon Créateur y a imprimés, marques précieuſes & auguſtes du rapport néceſſaire entre le cœur & ſon principe & ſa fin. La notion vive & ſecrete d'un Etre ſuprême, quoique appuyée ſur la raiſon, quoiqu'aidée, affermie par les objets ſenſibles, a ſon germe radical & *inné* dans nous. La connoiſſance du bien & du mal, antecédemment à toute loi poſitive : l'attrait, & même ce qui eſt involontaire pour ce qui eſt beau, honnête, vertueux : l'horreur de ce qui eſt déreglé, injuſte ; ces précieux ſentimens annoncent la ſource éternelle de rectitude dont ils émanent. La ſeule idée du ſanctuaire intime des cœurs créés prouve qu'il exiſte un cœur infini, éternel ; c'eſt-à-dire, l'abyſme, la ſource de toute lumiére, de tout amour, de toute ſainteté.

Tout, & dans nous, & hors de nous, concourt donc à nous démontrer l'exiſtence de Dieu. Auſſi tel a été le ſuffrage général du genre humain. Les hommes n'ont pas toujours reconnu &

B ij

adoré le vrai Dieu ; mais tous, sous la superstition même, nous en offrent l'image obscurcie & défigurée. En vain certains Philosophes, pour infirmer ce témoignage, vont-ils chercher dans les relations & les voyages quelques cabanes, quelques pays abrutis où l'on n'a aucune idée de Dieu ; ces faits sont tout au moins équivoques. Fussent-ils réels & constatés, cette ignorance brute ne donne aucune atteinte à l'unanimité & à la force du suffrage de tous les pays & de tous les siécles. Un sentiment si vif, si intime, annonce la main suprême qui a gravé dans tous les hommes cette idée ineffaçable. Jamais ces sentimens universels, tels encore que celui du bonheur, de la bienfaisance, de la liberté, ne peuvent tromper : l'erreur viendroit de celui qui nous les a imprimés, & il est la sagesse & la vérité même.

Mais enfin ne voit-on pas des Athées ? On pourroit avec justesse en nier la possibilité, à moins que de supposer un délire. L'Athéisme est une erreur absurde, elle insulte la raison & le bon sens : une erreur folle & téméraire, elle contredit le suffrage de tous les hommes : une erreur brutale, elle outrage la majesté du Créateur, elle brave ses vengeances : une erreur funeste, elle renverse les appuis de la vertu, les fondemens de la société. Le thrône & la patrie écroulent, si on ôte ce qui en fait la base & le soutien. Non, rien ne peut rendre la fureur & le délire d'un forcené qui s'obstine à nier l'existence de celui dont il tient l'être.

Cependant, avouons-le à l'opprobre du genre humain, il en est qui (à l'extérieur du moins) ont poussé jusques là l'impiété & la frénésie, qui sérieusement ont voulu prouver leur thèse affreuse. Quelles lumiéres donc ? Quelles démonstrations les armoient contre une vérité si redoutable ? De misérables sophismes, qu'à peine daigne-t-on répeter. Un mot seulement.

Ils objectent les défauts du monde physique : témérité, ignorance. Nous ne connoissons que *la surface* des êtres, & nous ne pouvons rien en conclure (quand même nous croirions y appercevoir des irrégularités) contre la sagesse & la profondeur des ouvrages du Seigneur. Il y a plus : cette surface seule nous présente déja des traits infinis de grandeur, de fageffe & de puiffance. Chaque être phyfique, & l'enfemble de ces êtres, offrent une harmonie & des merveilles qui caractérifent un Etre fuprême. On pourroit ici détailler ces merveilles, & montrer par-tout une jufteffe admirable de deffeins. On y verroit, fous les irrégularités même apparentes, un ordre conftant & régulier: mais fans entrer dans ce détail, déja fi fouvent dévéloppé, concluons feulement, que de la beauté & de l'harmonie des êtres, on en tire évidemment la fageffe de leur Auteur; & que d'une obfcurité apparente ou d'un défordre imaginaire, on n'en conclura jamais l'Athéifme. Nous ne pouvons en inférer que notre ignorance: nous n'appercevons des ténébres dans l'univers, que parce que nous ne connoiffons pas tout.

A l'égard des défauts du monde moral, la folution eft palpable. 1°. Tous les défordres viennent de l'homme: ils ne prouvent que l'imperfection de la créature, & l'abus de fa liberté. (Nous traiterons ailleurs la permiffion du mal moral, compatible avec les attributs de Dieu.) 2°. Les injuftices, les bifarreries que permet la Providence , ne ſont qu'un déſordre rapide ; l'ordre re-naîtra , & tout ſera réparé. Si cette Providence étoit bornée à la vie pré-ſente , on y méconnoîtroit un Dieu juſte & ſage : mais ſa ſphère c'eſt l'éter-nité des ſiécles , & ſous ce regard elle eſt la ſageſſe & l'équité même. De la confuſion qui regne ſur le théâtre de ce ſiécle, nous ne devons pas conclure, *Il n'y a point de Dieu équitable ; *mais ſimplement, *Ce n'eſt point encore ici le regne parfait de l'équité.* On n'y en voit que quelques traits mêlangés avec ceux de l'injuſtice : viendra le jour éter-nel de l'ordre.

Les Athées oſent encore porter leurs regards téméraires ſur l'être de Dieu même , pour chercher dans ſes profon-deurs adorables de prétendues contra-dictions. Comment tient-il de lui-mê-me ſon eſſence ? Comment peut-il être libre & immuable , infiniment bon & infiniment juſte ? Ainſi donc l'homme qui ne ſe connoît pas lui-même , qui trouve un abyſme dans ſon propre être: l'homme qui ne connoît pas à fond un ciron, un atôme , veut pénétrer la profon-deur des perfections divines & l'immensité de leurs rapports? Quelle misérable audace ! Sans doute Dieu a dans son être des abyfmes impénétrables à l'homme : il est infini en tout genre, & notre esprit est borné. Prétendre que nous pouvons & que nous devons tout comprendre dans Dieu ; c'est-à-dire, qu'il est tout à la fois fini & infini ; que notre esprit a des bornes, & qu'il n'en a point, c'est contredire directement l'être de Dieu & notre nature.

Tels font donc les misérables appuis des Athées. Mais enfin qu'est-il en luimême, leur système infernal ? Un cahos affreux d'absurdités, de contradictions. Toutes au reste ont la même source, le même but, le hazard, les atômes. Les autres arrangemens aussi fortuits & aussi bifarres des Philofophes anciens & modernes ne disent rien de plus. Faudroit-il détruire ces fonges? prouver férieufement que ces globes immenfes du firmament, leur éclat, leur cours; que l'harmonie de la terre, que fes corps fi variés, les élémens, les minéraux, les plantes, les animaux; que les infiniment petits, taillés avec un art divin qui furpaffe l'imagination de l'homme ; que l'homme même, fon corps, fes fens, son esprit, son cœur ; que tout enfin n'est pas l'ouvrage des atómes mûs & accrochés ; que de ce choc confus n'a pu sortir cet amas sage & durable des êtres? Il n'y auroit donc qu'à jetter pêle-mêle des tonnes d'encre & des masses de papiers pour en tirer de doctes Ouvrages imprimés, & cela sans Auteur, sans Imprimeur. Il suffiroit d'agiter des mines pour en tirer sans fondeur & sans artiste toutes sortes de vases, d'instrumens, de montres & de pendules ; de brouiller de la soie ou du chanvre pour trouver au fond de ce cahos des étoffes ingénieusement dessinées & travaillées. Et voilà le systême, chef-d'œuvre de l'imagination de nos Athées. Tant il est vrai que l'orgueil conduit à des noirceurs horribles !

Spinosa assez habile & assez méchant pour cacher une partie de ces extravagances sous un systême ténébreux, a substitué au hazard *le tout*, & a voulu, en paroissant admettre le nom de Dieu, le composer de toutes les parties de l'univers ; en sorte que l'ensemble en Dieu, chaque partie de l'ensemble, une partie de Dieu, par conséquent Dieu elle-même. Ainsi le soleil est Dieu, &

les ténébres le font. L'homme eſt Dieu;
& l'animal dont il ſe nourrit , l'eſt.
L'innocent eſt Dieu; & celui qui l'égorge,
l'eſt. En un mot, les extrêmes, les oppoſés , les contradictions, tout fait partie de Dieu. Que de noires extravagances ajoutées à l'Athéiſme !

La ſimple expoſition en démontre
l'abſurdité & l'impiété. Si tout eſt Dieu,
il n'y a point de Dieu ; parce que tout
ce que nous croyons eſt imparfait, eſt
contingent ; & que ce qui eſt contingent,
n'eſt pas éternel. Ainſi ou les Payens
avoient raiſon d'adorer les êtres créés ,
ou les *Spinoſiſtes* ſont de vrais Payens,
puiſque pour eux tout eſt Dieu. Car ſi
un corps quelconque ne l'eſt pas, l'enſemble des corps ne l'eſt pas : il implique
que la réunion de ces êtres poſſéde les
attributs de la divinité qu'ils n'avoient
point étant ſéparés. N'inſiſtons pas ſur
ce délire déja cent fois foudroyé.

Mais ſi l'Athéiſme brute eſt trop noir
pour un ſiécle policé, ſi l'Athéiſme obſcur de *Spinoſa* eſt trop abſtrait ; celui d'*Epicure* eſt facile , commode,
proportionné à tous. C'eſt celui du
cœur & des paſſions : on l'apprend
ſans maître ; & on a ſçu, dans ce ſiécle

de liberté & de fyftême , tellement le colorer, le déguifer, qu'il féduit plus aifément encore.

Les Brochures modernes qui ne tendent qu'à dégrader l'ame, qu'à ôter la loi morale , qu'à autorifer la volupté, qu'à fupprimer, comme noir fanatifme, les vengeances éternelles , qu'à fuppofer notre néant futur, (& l'on ne voit dans des Livres d'ailleurs bien écrits que ces horreurs) font donc de vraies leçons d'Athéifme. Non, ce n'eft plus reconnoître un Dieu, que de renverfer fa Loi, fa providence. Son éxiftence eft imaginaire, fa divinité infenfible & muette, fi on n'admet pas les perfections adorables qui conftituent fon effence. Un Dieu , *vérité algébrique* , fans rapport aux hommes : un Dieu fans loi, fans juftice, fans récompenfe , fans culte, n'eft qu'un être imaginaire, inférieur en quelque forte aux ftatues muettes & infenfibles qui décoroient les Sanctuaires Payens.

L'Athéifme quelconque n'eft pas feulement oppofé à la vérité & à la raifon, puifqu'il eft l'extravagance & le délire même ; mais il renverfe tous les fondemens & de la Religion & de la

société. Car enfin s'il n'y a point de
Dieu sage & juste, il n'y a plus de loi,
plus de vice & de vertu, plus de régles que les passions. La terre entiére ne
fera qu'un cahos affreux & un repaire
de monstres.

En vain les incrédules voudroient
échapper à ces justes conféquences, en
regardant l'existence de Dieu, ou fes
perfections fublimes, comme des vérités purement fpéculatives, & totalement
indifférentes aux mœurs. En vain pré-
tendent-ils s'appuyer fur ce que l'on
voit des Athées croire moralement bien,
& des Chrétiens vivre mal. D'abord,
fans entrer dans ce fait, ici nous par-
tons des principes ; & on démontreroit
par la régle des calculs, que l'Athéifme
dégrade & renverfe les mœurs. Deux
ôtés de quatre, restent deux : ajoutés à
quatre forment fix. Voilà le calcul phyfique. Voici le moral : La vertu a dans
le cœur de l'homme une mefure, un
poids d'attrait, & un poids d'obstacle :
le vice de même. D'après cette balance
(active) calculons les moyens qui portent le cœur au vice, & ceux qui le
portent à la vertu. Dans le Chrétien les
lumiéres, les motifs, les fecours qui

naiſſent de la Religion ; l'idée de la Loi,
de ſes menaces, de ſes promeſſes, tant
d'autres encore augmentent la meſure
des attraits pour le bien, & diminuent
les attraits du mal. C'eſt donc *deux
ajoutés à quatre*, (en ſuppoſant comme
quatre, les attraits intérieurs, ſoit bons,
ſoit mauvais.) L'Athée au contraire ne
reconnoît ni loi, ni motifs pour combattre ſes paſſions & pratiquer la vertu.
Ce funeſte préjugé par-là même nourrit, fomente les attraits des paſſions,
étouffe ceux de la vertu. C'eſt donc
deux ôtés de quatre. Ainſi prétendre que
le Chriſtianiſme n'encourage pas la vertu, que l'Athéiſme ne fomente pas les
vices, c'eſt à dire que *deux ſont égaux
à ſix*.

Nous nous bornons à ces démonſtrations rapides, mais préciſes, ſur l'exiſtence de Dieu. Le premier regard (ſi
on ne veut pas s'enfoncer dans les ténébres) ſaiſit une vérité ſi palpable & ſi
auguſte.) Tirons-en quelques eſſais des
perfections eſſentielles à ſon Etre adorable.

SECTION SECONDE.

L'essence & les perfections de Dieu.

Dieu existe, vérité évidente. Mais quelle est l'essence de cet Etre suprême ? En fixant les regards sur cette Majesté infinie, sur cet abysme de lumiéres, on voit sortir des ombres impénétrables à tout esprit créé ; & c'est précisément parce que Dieu est infiniment grand & infiniment parfait, qu'il est incompréhensible.

Ombres dans son éternité. Comment un Etre éternel existe-t-il ? Comment a-t-il, par la nécessité & l'excellence de sa nature, une existence nécessaire, qu'il ne s'est point donnée, & qu'il n'a point reçue ? Comment une éternité entiére semble-t-elle écoulée avant notre existence ?

Ombres dans la toute-puissance. Qu'est-ce que l'œuvre de la création ? Comment ce qui n'étoit pas, existe-t-il ? En quelle source Dieu a-t-il puisé l'image & l'existence des êtres contingens ?

Ombres dans la Providence. Pourquoi, étant la sainteté & l'équité même, permet-elle tant de miséres & de crimes ? Pourquoi, étant la sagesse & la puissance même, imprime- t - elle si peu ses augustes caractéres sur les événemens de la terre ? Pourquoi tant de cahos, tant de hazards apparens, tant d'injustices ?

Ombres dans la prescience. Comment les actes étant prévus infailliblement, sont-ils cependant libres? Comment choisissant nos œuvres, ne pouvons-nous pas tromper la prévision divine ? Comment ayant pour objet notre choix libre, est-elle aussi sûre que si elle portoit sur un objet nécessaire ?

Ombres dans la liberté & l'immutabilité. Comment Dieu toujours nécessité au bien, au parfait, est-il cependant libre ? Comment étant irrévocable dans ses décrets , choisit-il cependant sans être adstreint à aucune fatalité ?

Ombres dans la bonté. Comment une bonté souveraine ne fait - elle pas tout le bien qu'elle peut ? ne tire-t-elle pas du néant les êtres possibles , ne les rend-elle pas tous heureux ? Comment ne pardonne-t-elle pas à tous les coupables en changeant leur cœur ?

Ombres dans la justice. Comment un Dieu infiniment bon punit-il éternellement le crime ? Comment se concilie cette justice vengeresse avec la clémence ?

Ombres enfin dans la gloire. La majesté, les perfections infinies, pas une qui n'étonne, ne saisisse, n'absorbe notre intelligence.

Malgré ces ombres respectables, le Chrétien non - seulement rend hommage à l'existence nécessaire d'un premier Etre, mais il sçait en déduire, comme d'un principe géométrique, les perfections qui forment son essence. Nous ne pouvons fonder, épuiser l'infini ; cependant nous en tirons des conséquences certaines, qui, sans nous montrer l'abyfme des perfections de Dieu, nous découvrent celles qui ont rapport à nos devoirs & à notre fin, nous donnent de la Divinité l'idée la plus noble, la plus analogue aux facultés de notre esprit & aux sentimens de notre cœur.

Le principe adorable, le germe radical des propriétés infinies & infiniment parfaites de l'Etre suprême, c'est l'aséité. Il existe par lui-même, par une

augufte néceffité inhérente à fon être,
& fondée fur la nature des chofes. De
là naiffent toutes les perfections. Il n'a
pu fe les donner, puifqu'il les poffède
effentiellement : il n'a pu les recevoir,
puifqu'il n'a point d'auteur, & que fon
principe unique eft la majefté ineffable
de fon être. Elles lui font toutes néceffairement attachées, & ne peuvent avoir
de bornes, ni dans fa propre nature, elle
eft infinie; ni dans une caufe étrangére, il implique qu'elle exifte.

L'Etre *qui eft*, l'Etre néceffaire, eft
donc la plus fublime image qu'on puiffe
fe former de la Divinité, la fource la
plus féconde dont dérivent fes attributs.
Et d'abord l'Etre néceffaire eft indépendant. Il ne tient qu'à lui-même, &
dans fa nature, & dans fes opérations.
Seroit-il néceffaire, s'il avoit ou un principe étranger, ou une régle étrangére?
Infiniment élevé au deffus de tout ce qui
exifte, ou peut exifter, tout eft par lui:
prototype, facultés, exiftence, tout naît
de fon intelligence & de fes décrets.

L'Etre néceffaire eft unique. Il implique métaphyfiquement qu'il y en ait
deux; parce qu'il implique qu'un Etre
infiniment parfait ait un égal. Il feroit

infini , & il ne le feroit pas. Le double principe de Manès étoit une impiété & une extravagance palpable.

L'Etre néceffaire eft un être fimple. S'il étoit compofé de parties, on pourroit en ajouter, en ôter ; dès-lors il ne feroit plus infini. Mais il eft fans parties matérielles , fans perfections étrangéres à fon effence. Il eft tout ce qu'il eft , & tout ce qu'il a , de la maniére la plus indivifible. Si on le confidére fous une immenfité de faces , c'eft que notre efprit ne peut envifager fous un feul regard cette multitude de perfections : il faut le décompofer en quelque forte pour le mieux connoître. Infiniment grand & infiniment fimple , toutes fes perfections fortent du centre de fon être , & y retournent.

L'Etre néceffaire eft par-tout. Corps, efprit, cœur, tout eft dans lui : il nous eft plus intime que nous ne le fommes à nous-mêmes. Rien ne peut exifter que dans fon fein. Il embraffe fans préfence corporelle & locale l'étenduë des êtres matériels. Il renferme les efprits : nulle penfée , nul mouvement qui ne foit préfent à fes regards infinis. Il implique que quelque chofe foit ou puiffe être , fans exifter dans lui.

L'Etre néceſſaire eſt éternel. N'ayant point de cauſe, il ne peut avoir de fin. Comme il exiſte par lui, il exiſte tou-jours; & ce *toujours* ſuit démonſtrati-vement de la néceſſité d'être, inhérente à ſa nature. Ainſi dans Dieu il n'eſt ni paſſé, ni avenir : (termes relatifs aux êtres bornés & fugitifs,) *tout eſt.* Son exiſtence toujours la même ne s'écoule pas. Ne nous imaginons point la durée de Dieu comme ſucceſſive, comme cou-pée par le moment actuel en deux éter-nités, l'une antérieure, l'autre poſté-rieure à notre exiſtence. Une ſeule éternité exiſte tout à la fois, & toute entiére. L'éternité de l'homme eſt une durée ſucceſſive qui a eu un commen-cement, ſans avoir de fin. L'éternité de Dieu préſente & renferme ſans écoule-ment, ſans ſucceſſion, des biens infi-nis.

L'Etre néceſſaire eſt la grandeur & la majeſté. Tout ce qu'il y de plus re-levé dans les créatures, de plus mer-veilleux dans les corps, de plus ſublime dans les eſprits, eſt devant lui comme s'il n'étoit pas. L'homme n'eſt rien, & n'a rien de lui-même. Ainſi toute idée de complaiſance & de gloire dans ſes

perfections n'eſt qu'orgueil & menſonge. Dieu poſſéde tout par lui-même :
il eſt le principe & la fin de tout ce qui
exiſte. Dès-lors l'idée qu'il a de ſa grandeur, eſt vérité, eſt ordre. Il doit la
propoſer à l'hommage de tous les êtres,
exiger leur reſpect, leur fidélité, leur
amour. Les créatures n'exiſtent que pour
ſa gloire.

Il eſt vrai que ſa gloire eſſentielle,
c'eſt-à-dire, la majeſté & la félicité
de ſon être eſt au deſſus & des hommages & des écarts des créatures : rien
ne peut ni l'augmenter, ni la diminuer.
Mais plus il eſt grand, plus il eſt dans
l'ordre qu'il ſoit connu, reſpecté, adoré, obéi : & voilà préciſément ce qu'on
appelle la gloire de Dieu, la ſeule à
laquelle les hommes peuvent contribuer.
Ce titre, qui d'abord paroît trop pompeux pour des mortels, *le zèle de la
gloire de Dieu*, ne dit rien plus que le
deſir de conduire les hommes à la vérité & à la vertu. C'eſt préciſément par
ces moyens qu'on procure la gloire de
Dieu, en manifeſtant ſes perfections,
en faiſant obſerver ſes loix. Ainſi dans
le rapport eſſentiel qui nous unit à Dieu,
tout tend à lui, en genre de gloire ; parce

que seul il la mérite. Tout est pour l'homme, en genre de bienfaits & d'avantages, parce que seul il a besoin. Tel est le point précis auquel il faut ramener toute doctrine sur la gloire de Dieu procurée par les hommes.

L'Etre nécessaire est la connoissance, la lumiére infinie. Comme tout existe dans lui, tout existe sous ses regards. Ainsi il connoît toutes les vérités possibles, & en tout genre, tous les faits, tous les sentimens, toutes les pensées. L'abysme des cœurs, la nuit des temps, rien ne peut les lui dérober. Sublime connoissance ! Ce n'est point précisément se souvenir du passé, fixer le présent, prévoir l'avenir : c'est par un seul acte embrasser tout à la fois tout ce qui a existé, existe & existera. Tel le soleil darde ses rayons dans l'espace de son tourbillon : rien ne se dérobe à ses feux. Tel le regard de Dieu voit comme une seule image les siécles éternels.

L'Etre nécessaire est la sagesse : dans lui tout est ordonné, exécuté avec justesse. Toujours régne la plus juste proportion entre ses desseins & les événemens. Le plan de ses décrets, les moyens de les remplir , & la deftination de fes êtres , les voies de les y conduire , la mefure des lumiéres & la nature des fecours; tout préfente un ordre immuable de fageffe & de raifon.

L'Etre néceffaire eft l'équité. Il penfe, il juge, il agit avec la plus exacte proportion. Quoiqu'Arbitre fouverain & libre, il eft attaché irrévocablement à la juftice : c'eft là le mobile, l'ame de tous fes décrets. Point de ténébres, point de menfonge dans fes œuvres, point de bifarrerie & d'injuftice ; l'équité feule y préfide. Il remplit dans la plus rigoureufe juftice ce qu'il doit aux hommes, non par un droit ftrict d'égalité & d'exigence *commutative* , (ce droit implique entre Dieu & les créatures,) mais par arrangement immuable de fa juftice; il fe doit à lui-même de proportionner fes dons à notre deftination, à nos befoins. Ainfi tout ce qu'il a promis , il l'exécute fidélement. Graces, fecours, félicité , tout eft immuable, dès-lors que nous rempliffons ce à quoi fes dons font attachés. Il rend à nos œuvres le prix & la gloire qu'elles méritent : il ne punit jamais au delà du degré précis des crimes : tout eft pefé au poids du Sanc-

tuaire. Si cette suprême Equité est souvent ici-bas cachée dans les ténébres,
ces ombres disparoîtront, & le jour de
l'éternité montrera dans toute sa certitude & dans tout son éclat la juste proportion des décrets du Très-haut.

L'Etre nécessaire est la vérité par
essence. Cet auguste nom n'est pas seulement l'opposition au mensonge, il
renferme plus de dignité encore.

Vérité infinie. Elle n'a ni nuages, ni
limites. Rien de vrai en tout genre possible, qui n'en soit extrait.

Vérité physique. Elle est la source de
toutes les combinaisons primitives de la
matiére, de toutes les loix corporelles,
de la réalité de la justesse, & des merveilles des sens. Tout y est fixé, arrangé
sur un sage prototype.

Vérité intellectuelle. Tout ce qui constitue l'intelligence & la raison ; tout ce
qui forme la chaîne infinie des idées,
des principes, des rapports, des nombres, des figures, des sciences quelconques, en est émané.

Vérité dogmatique. Si on ne peut trouver dans la sphére étroite des facultés de
la raison les objets profonds & cachés
que Dieu a voulu nous manifester, c'est

dans fa lumiére inacceſſible où ils exiſtent. Là, ces objets qui préſentent ici-
bas tant d'obſcurité, ſont ſimples & naturels; n'étant que l'expreſſion fidéle de
l'être, des attributs & des perfections
de Dieu.

Vérité morale. Conformité des Loix
avec les auguſtes caractéres de l'ordre
& de la ſainteté de Dieu. Quoique maître ſouverain des créatures, ſes préceptes ne ſont ni arbitraires, ni deſpoti-
ques. Ils annoncent ſimplement la convenance éternelle de l'ordre, qui étant
dans le Créateur, doit eſſentiellement
régler les créatures.

Vérité jalouſe & redoutable. Si elle
n'étoit pour l'homme qu'une image ſtérile, il ſuffiroit de la reſpecter de loin,
de la laiſſer tranquillement dans l'in-
dolence de ſon ſanctuaire. Mais propo-
ſée comme la régle & de la raiſon
& du cœur, l'homme ſe rend coupa-
ble, s'il s'en écarte. Il eſt dans la nature
des choſes, qu'il ſe conforme à toutes
les perfections de Dieu connues. Or la
vérité en eſt une. Il eſt donc dans l'ordre de croire & d'adorer tout ce que
la ſaine raiſon nous montre dans le ſein
de Dieu; tout ce que la révélation nous

en apprend , & en genre d'objets , & en genre de devoirs. La connoître cette vérité, & s'y refuser, & lui préférer l'erreur, l'idée de son propre esprit, c'est un désordre; parce que l'hommage, la fin essentielle de toute intelligence créée est de s'attacher à l'Intelligence infinie, & de lui rendre hommage.

L'Etre nécessaire est immuable : toujours le même, il ne peut rien perdre, rien acquérir. Immuable dans son essence, il est ce qu'il est, & son être ineffable est incorruptible. Immuable dans ses perfections , elles sont toutes essentielles à sa nature, toutes inaltérables, toutes infinies. Ainsi tout ce qu'il a, il le posséde par nature : dès-lors il est métaphysiquement impossible, ou qu'il perde, ou qu'il acquiére : ce seroit dire que la nature même de la Divinité peut changer.

Cette auguste immutabilité n'a rien de commun avec la chaîne des êtres que les Fatalistes imaginent. Chaîne qui n'est qu'un destin bisarre , un amas d'objets nécessairement liés , sans sçavoir par qui, ni pourquoi, ni comment ; un affreux cahos sans intelligence & sans dessein. L'immutabilité divine n'est qu'une perfévérance éternelle de juftice & d'ordre.

De là naît l'accord admirable de l'immutabilité & de la liberté. D'abord à ne fuivre que nos foibles lumiéres, ces idées paroiffent s'exclure, parce que nous voudrions comparer la liberté de Dieu avec la nôtre : la différence eft énorme. Nos facultés, nos vertus peuvent bien tracer une foible image des attributs de Dieu, mais non en exprimer la perfection fouveraine. Ainfi notre intelligence, ébauche de l'intelligence infinie, raifonne ; mais elle eft fujette à l'erreur, & ce défaut n'eft que celui de la créature. Le cœur eft libre ; mais par un écart déplorable l'abus de cette liberté le rend fufceptible du mal : il peut choifir entre le vice & la vertu. Dieu, quoique fouverainement libre, eft décidé irrévocablement, par la fainteté même de fon être, au bien feul, & à un motif infiniment parfait. Perfection, qui, loin de donner aucune atteinte à fa liberté, en devient au contraire le fceau & la gloire : la raifon en eft fenfible. Dieu étant l'ordre & la fainteté par effence, néceffairement cette fainteté eft répandue fur tous fes attributs, sur sa liberté par conséquent. Dès-lors, quoi qu'il choisisse, quoi qu'il fasse, il ne peut agir & choisir que. pour une fin & par un motif d'une sagesse infinie. Il implique qu'il s'en écarte : il démentiroit son être. Ainsi la plus parfaite liberté est-elle réunie avec l'amour nécessaire & constant de l'ordre.

La liberté de Dieu est donc réelle : la raison la démontre. Si ses œuvres & ses décrets étoient soumis à une nécessité inévitable , il seroit purement passif, il ne pourroit produire ses propres pensées ; un destin supérieur présideroit à ses desseins , & le renfermeroit sous sa loi. D'ailleurs d'après cette fatalité, plus de contingent dans la nature. Dieu n'ayant rien fait librement, tout ce qui est créé auroit dû nécessairement exister, & exister tel. Tout ce qui n'existe pas, resteroit dans un néant nécessaire : la nécessité du premier Etre emporte celle de tous les êtres, & rétablit le système impie de la fatalité & du cahos.

Cependant Dieu , quoique parfaitement libre, est immuable dans ses perfections, dans son amour pour l'ordre. Ses attributs moraux de sagesse &

d'équité font auſſi néceſſaires, auſſi inaltérables, (ſans fatalité) que la fatalité ; parce que par l'excellence de ſa nature il ne peut non plus s'en écarter. que ceſſer d'être. Ainſi ſes décrets ſont néceſſairement fixés au bien, parce que telle eſt ſon eſſence adorable. Une fois portés, ils ſont irrévocables & éternels, parce qu'il ne peut changer : s'il ſemble les varier, s'il pardonne, s'il oublie ſes menaces, c'eſt que l'homme luimême a changé, & que par un ordre invariable comme Dieu punit les pécheurs, il aime les pénitens. Du reſte, dans ce changement là même ſe trouve un ordre fixe & conſtant. D'après ces idées d'immutablité, celles de la liberté parfaite ſubſiſtent : elles naiſſent du même principe, la perfection ſouveraine. Dieu a été libre dans la création de l'univers : auſſi grand, auſſi heureux, renfermé ſeul dans ſa gloire & eſſence, que s'il étoit environné & adoré par tous les êtres poſſibles : il ne les a tirés du néant que parce qu'il a librement voulu leur donner l'exiſtence, & les conduire à une fin. Tout ce qu'il pourra opérer ici, ſoit dans les ouvrages de la nature, ſoit dans les ouvrages de la grace, portera l'empreinte de la même liberté.

Dieu est libre dans ses dons , parce que nulle créature ne peut ni les mériter , ni les décider. Son motif seul est sa volonté, son amour : il n'en est comptable qu'à lui-même. Dieu est libre dans ses décrets positifs , n'étant pas tous essentiellement liés avec la perfection de sa nature. Quant à leurs objets extérieurs, il peut les choisir, les révoquer. Ainsi avoit-il librement choisi la postérité d'Israël , & l'a-t-il rejettée. Dieu est libre dans le choix de certains biens moraux. De toutes les hypothèses possibles il tire sa gloire ; mais comme il peut la tirer du mal même que sa providence tolére, rien ne l'adstreint, soit dans la production du bien moral , soit dans la tolérance du mal.

Cet accord de l'immutablité & de la liberté forme l'ordre parfait. D'un côté , point de destin aveugle , point de cahos, point de fatalité; tout est libre & sage. De l'autre , point de bizarrerie d'inconstance & d'injustice ; tout est fixé au bien. Union adorable qui annonce la grandeur & la saînteté du premier Etre.

Telle est la foible idée que nous pouvons nous en former. Ce n'est point là comprendre son essence. Et oserions-nous y aspirer ? Le fond intime d'un atome & d'un ciron nous est impénétrable : mais enfin, sans approfondir l'abysme de ses propriétés, sans saisir le rapport & le nœud de ses perfections, nous sçavons cependant, & nous sçavons avec une certitude métaphysique, que Dieu existe : nous sçavons qu'il est infini en tout genre de perfections. Cette mesure de l'univers suffit à nos devoirs & à notre sort. Elle forme icibas la Religion, la fidélité, l'amour ; & par cette route de vérité & de vertu, nous conduit au terme éternel, la possession de Dieu.

SECTION TROISIÉME.

La puiſſance de Dieu.

TEXTES.

IN principio Deus creavit cœlum & terram ; & dixit : Fiat lux ; & facta eſt lux. *Gen.* I. 1. 3.

Ego Deus omnipotens. *Gen.* 17. 1.

Ipſe dixit ; & facta ſunt : ipſe mandavit, & creata ſunt. *Pſ.* 148. 5.

Omnia quæcumque voluit, Dominus fecit in cœlo & in terra. *Pſ.* 134. 6.

AU commencement Dieu créa le ciel & la terre, [*] & dit : Que la lumiére ſoit faite ; & la lumiére fut faite.

Je ſuis le Dieu tout-puiſſant.

Il a parlé, & toutes choſes ont été faites : il a commandé, & elles ont été créées.

Le Seigneur a fait tout ce qu'il a voulu, ſoit dans le ciel, ſoit ſur la terre.

[*] Les œuvres du Seigneur caractériſent ſa puiſſance. Le ſpectacle & la connoiſſance réfléchie de l'univers nous offre ſous mille traits cette puiſſance ſuprême. Tel eſt le vrai regard ſur les êtres créés ; celui qui nous y montre le Créateur.

TEXTES.

C'eſt vous qui avez fait le ciel & la terre par votre grande puiſſance & par la force invincible de votre bras : rien ne vous peut être difficile.

Dieu a appellé les étoiles, & elles ont dit : Nous voici ; & elles ont pris plaiſir à luire pour celui qui les a créées.

Les cieux ſont à vous, & la terre vous appartient : vous avez fondé l'univers avec tout ce qu'il contient : vous avez créé l'aquilon & la mer.

Seigneur notre ſouverain Maître, que la gloire de votre nom paroît admirable dans toute la terre !

Les cieux racontent la gloire de Dieu, & le firmament publie les ouvrages de ſes mains. Un jour annonce cette vérité à un

Ecce tu feciſti cœlum & terram in fortitudine tua magna & in brachio tuo extento : non erit tibi difficile omne verbum. *Jer.* 32. 17.

Vocatæ ſunt (ſtellæ,) & dixerunt : Adſumus ; & luxerunt cum jucunditate ei qui fecit illas. *Baruch.* 3. 35.

Tui ſunt cœli, tua eſt terra : orbem terræ & plenitudinem ejus tu fundaſti ; aquilonem & mare tu creaſti. *Pſ.* 88. 12.

Domine Deus noſter, quàm admirabile eſt nomen tuum in univerſa terra ! *Pſ.* 8. 1.

Cœli enarrant gloriam Dei, & opera manuum ejus annuntiat firmamentum. Dies diei eructat verbum, & nox nocti

TEXTES.

indicat scientiam. Non sunt loquelæ neque sermones quorum non audiantur voces eorum. *Ps.* 18. 2. 3. 4.

Nimirum interroga jumenta, & docebunt te; & volatilia cœli, & indicabunt tibi. Loquere terræ, & respondebit tibi, & narrabunt pisces maris. Quis ignorat quòd hæc omnia manus Domini fecerit ? *Job.* 12. 7. & *seqq.*

Benedic, anima mea, Domino: Domine Deus meus, magnificatus es vehementer. Confessionem & decorem induisti, amictus lumine sicut vestimento. Extendens cœlum sicut pellem, qui tegis aquis superiora

autre jour ; & une nuit en donne la connoissance à une autre nuit. Il n'y a point de langue, ni de différent langage, par qui leur voix ne soit entendue.

Interrogez les animaux, & ils vous enseigneront : consultez les oiseaux du ciel, & ils seront vos maîtres. Parlez à la terre, & elle vous répondra, & les poissons de la mer vous instruiront. Car qui ignore que c'est la puissance de Dieu qui a fait toutes choses ?

Bénissez le Seigneur, ô mon ame : Seigneur mon Dieu, vous avez fait paroître votre grandeur d'une maniére bien éclatante. Vous êtes tout environné de majesté & de gloire, & tout revêtu de lumiére comme d'un

TEXTES.

vêtement : vous qui étendez le ciel comme une tente, qui montez sur les nuées, & qui marchez sur les aîles des vents ; qui rendez vos Anges aussi prompts que les vents, & vos Ministres aussi ardens que les flammes ; qui avez fondé la terre sur sa propre fermeté, sans qu'elle puisse jamais être renversée.

ejus : qui ponis nubem ascensum tuum, qui ambulas super pennas ventorum : qui facis Angelos tuos spiritus, & Ministros tuos ignem urentem : qui fundasti terram super stabilitatem suam, non inclinabitur in sæculum sæculi. *Ps.* 103. 1. *& seqq.*

C'est moi qui forme la lumiére & qui forme les ténébres, qui fait la paix & qui crée les maux.

Formans lucem & creans tenebras, faciens pacem & creans malum : ego Dominus faciens omnia hæc. *Is.* 45. 7.

Voici ce que dit le Seigneur notre Dieu qui a créé & qui a étendu les cieux ; qui a affermi la terre, & qui en a fait sortir toutes les plantes ; qui donne le souffle & la respiration au peuple

Hæc dixit Dominus Deus, creans cœlos, & extendens eos, firmans terram, & quæ germinant ex ea : dans flatum populo qui est super eam, & spiritum calcan-

TEXTES.

tibus eam. Is. 42. 5.

Increpans mare & exsiccans illud.... Montes commoti sunt ab eo, & colles desolati sunt:& contremuit terra à facie ejus, & omnes habitantes in eo. *Nahum.* 1. 4. 5.

Qui præcipit soli, & non oritur:& stellas claudit quasi sub signaculo. Qui extendit cœlos solus, & graditur super fluctus maris.... Qui facit magna & incomprehensibilia & mirabilia quorum non est numerus. *Job.* 9. 7. *& seqq.*

qui la remplit, & la vie à ceux qui y marchent.

Il menace la mer, & la dessêche.... Il ébranle les montagnes, il désole les collines : la terre, le monde, & tous ceux qui l'habitent, tremblent devant lui.

C'est lui qui commande au soleil, & le soleil ne se leve point ; & qui tient les étoiles enfermées comme sous le sceau. C'est lui qui a formé seul la vaste étenduë des cieux, & qui marche sur les flots de la mer... C'est lui qui fait de grandes choses, qui en fait d'incompréhensibles & de miraculeuses, qui sont sans nombre.

Dieu est tout-puissant : il a un domaine souverain, absolu, sur tout ce qui existe, sur tout ce qui est possible, sur le néant. Il peut faire tout ce qui n'implique pas : le contradictoire n'est point l'objet de la puissance. Tel un cercle qui seroit tout à la fois triangle, une montagne sans vallée : Dieu ne peut pas en même tems le *oui* & le *non*. Il démentiroit par là sa vérité, comme il démentiroit ses attributs moraux, son équité, sa sainteté, s'il pouvoit produire ce qui est injuste. Toujours sa puissance est analogue à ses perfections. A ces deux genres près, l'un de *contradiction*, l'autre d'*injustice*, la puissance de Dieu est sans bornes : sa volonté peut créer ou anéantir des millions d'univers, donner l'existence & les propriétés à une infinité d'êtres.

Le premier trait de sa puissance est donc la création. Rien n'existoit. Dieu parle; une immensité d'êtres sort du néant. Où étoient donc les êtres avant d'exister ? Dieu est spirituel. Où a-t-il puisé l'image des corps ? Comment les a-t-il formés ? Oui, la création renferme des ténébres pour nos esprits si bornés. De là qu'en conclure ? Nous devons la croire, parce qu'elle existe : mais devons-nous la comprendre ? Est-il un objet dans la nature, qui ne renferme des ombres aussi impénétrables ? Connoissons-nous mieux la nature intime des élémens, le lien des corps composés, le germe des végétaux ? Connoissons-nous mieux l'union de notre corps & de notre ame, les merveilles ineffables des organes des sensations ? Il n'est donc pas étonnant que nous ignorions comment nous avons été créés, puisque nous ignorons comment nous vivons, comment nous agissons. Ce parallele efface jusqu'aux vestiges des nuages que pourroit nous donner l'obscurité de la création : elle est pour le Philosophe sensé le fait le plus simple.

Car enfin l'univers existe. De deux choses l'une, ou bien il existe nécessairement par lui-même, ou il existe par un autre. Or il est métaphysiquement impossible qu'il existe par lui. D'abord la matiére éternelle est une contradiction palpable. Un corps brute & insensible, qui ne connoît pas même sa propre existence, ne peut ni l'avoir par l'excellence de sa nature, ni s'être donné ses propriétés. Si la matiére existoit par elle-même, elle seroit nécessaire, indépendante, infinie, *l'aséité* étant le principe de toutes les perfections. Ainsi comme il est démontré qu'elle ne peut avoir un être éternel, il l'est qu'elle l'a reçu, qu'elle a passé du néant à l'être. Voilà la création.

La classe des êtres pensâns atteste la même vérité. Supposons l'intelligence la plus vive, la plus pénétrante. Qu'est-elle en elle-même ? Foiblesse & néant. Elle n'a rien pu se donner : elle ne peut rien sans son auteur. De lui seul vient & l'exercice de ses facultés, & la naissance & la conservation de son être; car enfin elle touche encore au moment de son existence. Or avant ce moment elle étoit aussi *pur néant* que la matiére. Dieu seul a donc pu extraire de ce néant tout ce qui est contingent, soit les substances spirituelles, soit les matérielles.

Un écueil également opposé à la piété & à la science, c'est le plan de chercher dans une fausse cosmogonie la formation & l'arrangement du monde, pour ne point recourir à la simple puissance & à la volonté d'un premier Etre. Ce fut la manie des anciens Philosophes : tous ils voulurent construire le monde : chacun choisit sa forme, ses matériaux ; les Thalès, les Anaxagores, les Epicures, &

tant d'autres dont les ſyſtêmes ne ſont que des vrais délires. Ces Scavans n'ayant aucune idée juſte d'un Dieu ſuprême, ſe perdoient aiſément dans les conjectures & les ſonges. Ce qu'il y a de plus étonnant, de plus humiliant pour la raiſon, c'eſt que dans ces ſiécles de lumiéres où la Religion peint ſi vivement un Dieu créateur, tant de Philoſophes ayent voulu faire revivre les anciens, par de nouveaux Romans phyſiques. Sans parler de l'extravagant Théliamed, & de ceux qui admettant une matiére éternelle, ſont dans l'horrible claſſe des Lucréces & des Epicures ; d'autres plus ſenſés, en voulant trop approfondir la nature, trop donner à la nature, ſemblent oublier que l'unique plan ſage de phyſique eſt celui qui ne cherche que dans le premier Etre, ſoit la formation, ſoit l'arrangement & le mouvement des corps ; mais qui, une fois cet arrangement, ce mouvement ſuppoſé, en extrait les effets durables & variés à l'infini.

D'abord comme la matiére n'a pu ſe donner l'être, & ne le poſſéde point par elle-même, elle n'a par elle-même ni ſon mouvement, ni ſes propriétés.

Indifférente à tout, ce n'eſt ni ſa force,
(elle n'eſt qu'inertie,) ni le hazard qui
peuvent la modifier, mais une cauſe auſſi
puiſſante que ſage & uniforme, un Dieu
créateur & moteur. Sans oſer le nier
formellement, on a imaginé un terme
ſpécieux, *la nature*, qui, ſous un ſens
très-équivoque, peut facilement exclure
l'action de Dieu, pour ne reconnoître
qu'un arrangement intime & eſſenciel à
la matiére.

Qu'eſt-ce que *la nature ?* Si on veut
la perſonifier, & par là entendre l'action & la combinaiſon eſſentielle des
corps, ſans aucun rapport avec un Dieu
créateur, c'eſt le ſyſtême abſurde d'E-
picure & des Payens atomiſtes. La chaîne
impie de Spinoſa, qui de tous les êtres
forme un Dieu monſtrueux ſans liberté,
ſans autorité, ſans ſageſſe ; qui par une
inconſéquence formelle, admet un mouvement ſans moteur, un arrangement
ſans modérateur, une harmonie ſans
deſſein, en un mot, des effets ſans
cauſe.

Si au contraire par *nature* on entend
ou l'eſſence des corps conformes aux décrets immuables de leur Créateur, ou
leur union, leur rapport, leur mouve-

ment relatif à ses ordres positifs ; alors
ce nom est respectacle : il ne présente
que la volonté éternelle ou positive de
l'Etre souverain ; & la *nature* ne dit
rien autre que *l'Auteur de la nature.*
Voilà le seul sens vraiment philosophique. Pourquoi s'en écarter sans cesse,
& rougir en quelque sorte de joindre
au terme de nature l'idée de celui qui
en le principe nécessaire ?

Il est donc dans l'ordre de la saine
physique & de la raison, aussi bien que
de la Religion, de reconnoître le droit
souverain & essentiel du premier Etre
sur la matiére. Puisqu'il exerce ce droit
sur les substances libres & intelligentes ;
puisqu'il est leur loi, leur moteur, leur
fin, ne seroit-il pas le maître absolu des
corps inanimés ?

D'abord la matiére peut être consi-
dérée dans son essence, & elle est immuable : ce n'est pas qu'elle ait des attributs, des propriétés indépendantes
tirées de son excellence seule ; son immutabilité vient des décrets de Dieu
même. Ainsi ayant formé des corps éten-
dus, divisibles, insensibles, cette essence
ne peut changer sans être détruite. Car
enfin si la matiére n'étoit plus étendue,

divisible ; si elle étoit intellectuelle, elle ne seroit plus corps, comme l'esprit ne seroit plus intellectuel, s'il étoit divisible. Ce changement d'essence est donc contradictoire.

Mais si l'essence est immuable, l'existence ne l'est pas : elle dépend de la volonté libre du Créateur. Les propriétés qui ne tiennent point à l'essence, ne le font pas : elles viennent également d'un décret libre & positif. Telle est donc la borne sacrée qui sépare la Physique de la Religion, ou plutôt qui les unit, qui fixe leur véritable sphére & leur rapport mutuel, en distinguant deux choses très-différentes, les loix physiques, & les effets qui en résultent.

Les loix sont les décrets par lesquels Dieu a fixé pour l'arrangement, la conservation & la durée de cet univers, les propriétés & les rapports des corps. Ainsi a-t-il formé tels soleils, telles planétes, avec tel volume, telle distance, tel cours. Ainsi a-t-il arrangé la terre avec tels corps élémentaires : ainsi a-t-il fixé & varié les loix presque infinies de l'union des corps composés & de leurs mouvemens : loix qui ne sont autre chose que la puissance & la vo-

lonté du Créateur, & ſon domaine ſouverain ſur la matiére. Il eſt vrai que
ſes loix ſont conſtantes; mais pour cela
les croire néceſſaires, les attribuer à
l'eſſence, à l'activité intrinſéque & indépendante de la matiére, c'eſt former
(genre d'Athéiſme) une chaîne néceſſaire des êtres, & les ſouſtraire au pouvoir du Créateur. Pas une de ces loix,
ſur la conformation & la propriété des
élémens, ſur la mixtion des corps compoſés, ſur la proportion des mouvemens, qui n'ait pu exiſter autrement. Infiniment fécond & puiſſant, Dieu a pu
arranger & unir les corps par des voies
différentes à l'infini. Croire que l'ordre
actuel de l'univers ait épuiſé le pouvoir
& la ſageſſe de ſon Auteur, c'eſt penſer avec une profonde ignorance. Comme l'univers entier n'eſt qu'un point
relativement à l'infinité des poſſibles,
les loix actuelles ne ſont qu'un point
relativement à la fécondité & à la liberté de la puiſſance divine. Elles ſont
ſtables & uniformes ces loix; mais il
les falloit telles pour perpétuer les œuvres du Seigneur. Que ſeroit-ce en effet le monde ſans cette ſtabilité ? Si le
ſoleil quittoit ſon tourbillon, la terre

ſon mouvement, ſa poſition : ſi les élémens ſe détruiſoient , ſi les animaux,
les plantes ne ſe reproduiſoient pas par
des moyens fixes ; ſi les régles des mouvemens changeoient, tout ſeroit incer-
tain , bizarre, bouleverſé. Il étoit donc
dans le plan du Créateur pour l'harmonie , d'établir des corps , des loix auſſi
conſtantes que les ſiécles : loix cependant qu'il peut changer quand ſa ſageſſe l'exige.

Telle eſt l'opération des miracles. Le
changement d'une loi phyſique, le même
Dieu qui a fixé le cours du ſoleil , ou
foudroyé un corps dans le tombeau ,
peut interrompre ce cours , ou ranimer
ce cadavre. Ce n'eſt point alors une
illuſion , une inconſtance , un défaut
d'harmonie : c'eſt un trait auguſte qui
marque noblement la puiſſance & la
liberté du Créateur. Ainſi les miracles,
loin de détruire la certitude des effets
phyſiques, la confirment. Ils nous di-
ſent que Dieu ſeul ayant établi les
loix harmoniques de l'univers, lui ſeul
il peut les changer : que dès qu'il le
fait, il parle avec autant de majeſté ,
que lorſqu'il commanda à la lumiére
de ſortir du néant. La Phyſique elle-

même rend hommage à la Religion,
en nous présentant le miracle comme
un sceau divin.

Sur ce principe général jugeons des
écarts de la fausse Philosophie, & de la
solidité des maximes de la Religion. C'est
blasphémer, c'est anéantir la puissance
suprême du Créateur, que d'admettre
ou une matiére éternelle, ou un mouvement intime & essentiel à la matiére,
pour en développer les propriétés & en
extraire les effets. C'est rentrer dans le
délire des Atômistes, que de donner tout
à la *nature*, n'entendant par là que
l'ensemble & la chaîne des êtres. C'est
s'égarer dans des discussions inutiles,
téméraires, impossibles, que de chercher dans les créatures elles-mêmes, soit
le *comment* de leur existence, soit l'origine des loix & des causes physiques.
Toute la sagacité des hommes n'ira
jamais qu'à discerner les effets. S'ils re-
montent à la connoissance des loix, ce
ne peut & ce ne doit être que pour les
rapporter à leur Auteur, & chercher dans
ces loix la liaison & la multitude des
effets.

Chaque systême de Philosophie, loin
de combattre cette sage maxime de la

Religion , relatif au pouvoir souverain de Dieu sur la matiére , en devient une preuve. Prenons celui de Newton, qu'on regarde comme si célébre & si sublime : supposons vraie sa découverte sur l'attraction. Qu'en résulte-t-il ? Une loi par laquelle Dieu a déterminé ce mouvement : *les corps s'attireront , (ou* peseront, le sens est égal,) *suivant telle proportion de leur masse & de leur distance.* Mais cette loi suppose-t-elle cette tendance essentielle dans la matiére ? Non, sans doute : elle a été libre. Dieu pouvoit régler le cours des astres par d'autres voies seulement. Cette loi une fois établie , on peut y chercher sûrement & utilement les effets qui en naissent. Mais & les loix & les effets, tout atteste également le pouvoir souverain de Dieu sur la matiére. Pas une loi, pas une propriété physique, qui ne dérive de cette auguste source.

SECTION QUATRIÉME.

La providence de Dieu.

TEXTES.

Attingit à fine ufque ad finem fortiter, & difponit omnia fuaviter. *Sap.* 8. 1.

Cùm fis juftus, juftè omnia difponis. *Sap.* 12. 15.

Cum tranquillitate judicas, & cum magna reverentia difponis nos. *Sap.* 12. 18.

LA fageffe atteint avec force depuis une extrêmité jufqu'à l'autre, [*] & elle difpofe tout avec douceur.

Etant jufte, comme vous êtes, vous gouvernez toutes chofes juftement.

Vous êtes lent & tranquille dans vos jugemens, & vous nous gouvernez avec une grande referve.

[*] Force dans l'exécution de fes décrets : douceur, amour dans les motifs ; voilà ce que l'Ecriture nous apprend fur la Providence.

TEXTES,

Les yeux du Seigneur font plus lumineux que le foleil ; [a] ils regardent de tous côtés toutes les voies des hommes , ils percent la profondeur des abyfmes & le fond du cœur humain , & ils pénétrent jufques dans les lieux les plus cachés ; car le Seigneur notre Dieu connoiffoit toutes les chofes du monde avant qu'il les eût créées.

Oculi Domini multò plùs lucidiores funt fuper folem , & circumfpicientes omnes vias hominum, & profundum abyffi , & hominum corda , intuentes in abfconditas partes. Domino enim Deo , antequàm crearentur , omnia funt agnita. Eccli. 23. 28. 29.

Le Seigneur a regardé du haut du ciel ; il a vu tous les enfans des hommes... C'eft lui qui a formé le cœur de chacun d'eux , & qui a une connoiffance exacte de toutes leurs œuvres.

De cœlo refpexit Dominus : vidit omnes filios hominum... Qui finxit figillatim corda eorum , intelligit omnia opera eorum. Pf. 32. 13. 15.

Tous attendent de vous que vous leur donniez leur nourriture , [b] lorf-

Omnia à te expectant, ut des illis efcam in tempore : dante

[a] Lumiére infinie de la Providence.
[b] Bonté, foins de la Providence.

TEXTES.

te illis, colligent; aperiente te manum tuam, omnia implebuntur bonitate. *Pf.* 103. 27. 28.

que le temps en est venu : lorsque vous leur donnez, ils recueillent : & lorsque vous ouvrez votre main, ils sont tous remplis des effets de votre bonté.

Juftæ & veræ funt viæ tuæ, Rex feculorum. *Apoc.* 15. 3.

Vos voies sont justes & véritables, ô Roi des siécles.

Omnes viæ tuæ paratæ funt, & tua judicia in tua providentia pofuifti. *Judith* 9. 5.

Toutes vos voies sont déja préparées, & vous avez établi vos jugemens dans l'ordre de votre providence.

Tu autem, Deus nofter, fuavis & verus es, patiens & in mifericordia difponens omnia. Etenim fi peccaverimus, tui fumus; & fi non peccaverimus, fcimus quoniam apud te fumus computati. *Sap.* 15. 1. 2.

Mais vous, ô notre Dieu, vous êtes doux, véritable & patient, & vous gouvernez tout avec miféricorde. Car quand nous aurions péché, nous ne laifferions pas d'être à vous ; & fi nous ne péchons pas, nous fçavons que vous nous comptez au rang de ceux qui vous appartiennent.

Tome I. D

TEXTES.

Je suis le Seigneur votre Dieu qui vous enseigne ce qui vous est utile, & qui vous gouverne dans la voie par laquelle vous marchez.

Ego Deus tuus, docens te utilia, gubernans te in via quâ ambulas. Is. 48. 17.

Le cœur du Roi est dans la main du Seigneur : [a] il le fait tourner de quelque côté qu'il veut.

Cor Regis in manu Domini : quòcumque voluerit, vertit illud. Prov. 21. 1.

Le cœur de l'homme prépare sa voie ; mais c'est au Seigneur à conduire ses pas.

Cor hominis disponit viam suam ; sed Domini est dirigere gressus ejus. Prov. 16. 9.

Ils ont dit : Le Seigneur ne le verra pas, [b] & le Dieu de Jacob n'en sçaura rien. Vous qui parmi le peuple êtes des insensés, entrez dans l'intelligence de la vérité. Vous qui êtes foux, commencez enfin à devenir sages. Celui qui a fait

Dixerunt : Non videbit Dominus, nec intelliget Deus Jacob. Intelligite, insipientes in populo ; stulti, aliquando sapite. Qui plántavit aurem, non audiet ? aut qui finxit oculum, non con. siderat ? qui cor-

[a] La Providence sçait disposer des cœurs.

[b] La puissance de Dieu & son regard éternel forment le caractére de sa providence.

TEXTES.

ripit gentes non arguet ? *Pf. 93. 7. & feqq.*

l'oreille, n'entendra-t-il point ? ou celui qui a formé l'œil, ne verra-t-il point ? celui qui reprend les nations, ne vous convaincra-t-il pas de péché ?

Intellexifti cogitationes meas de longè, femitam meam & funiculum meum inveftigafti... Ecce, Domine, tu cognovifti omnia noviffima & antiqua : tu formafti me, & pofuifti fuper me manum tuam. *Pf. 138. 3. 5.*

Vous avez découvert de loin mes penfées : vous avez remarqué le fentier par lequel je marche, & toute la fuite de ma vie... Vous avez, Seigneur, une égale connoiffance de toutes les chofes & futures & anciennes : c'eft vous qui m'avez formé, & qui avez mis votre main fur moi.

Ne folliciti fitis animæ veftræ quid manducetis, neque corpori veftro quid induamini. Nonne anima plus eft quàm efca, & corpus plus quàm veftimentum ? Refpicite volatilia cœ-

Ne vous inquiétez point où vous trouverez de quoi manger pour le foutien de votre vie, [*] ni d'où vous aurez des vêtemens pour couvrir votre corps. La vie n'eft-elle pas plus que la nourriture, & le

[*] Confiance en la providence de Dieu.

D ij

TEXTES.

corps plus que le vêtement ? Confidérez les oiseaux du ciel, ils ne fement point, ils ne moiffonnent point, & ils n'amaffent rien dans des greniers ; mais votre Pere célefte les nourrit. N'êtes-vous pas beaucoup plus qu'eux ?

li, quoniam non ferunt, neque metunt, neque congregant in horrea : & Pater vefter cœleftis pafcit ea. Nonne vos magis pluris eftis illis ? *Matth. 6. 25. 26.*

C'eft là ce qu'il y a de plus fâcheux dans tout ce qui fe paffe fous le foleil, [a] de ce que tout arrive de même à tous. De là vient que les cœurs des enfans des hommes font remplis de malice & de mépris pendant leur vie, & après cela ils feront mis entre les morts.

Hoc eft peffimum inter omnia quæ fub fole fiunt, quia eadem cunctis eveniunt. Unde & corda hominum implentur malitiâ & contemptu in vita fua, & poft hæc ad inferos deducentur. *Ecclef. 9. 3.*

Il l'a conduit par divers chemins ; [b] il l'a inftruit & il l'a confervé comme la prunelle de fon œil.

Circumduxit eum, & docuit, & cuftodivit quafi pupillam oculi fui. Sicut aquila

[a] Ombres de la Providence.
[b] Sageffe de la Providence.

TEXTES.

provocans ad vo-
landum pullos
fuos, & fuper eos
volitans, expan-
dit alas fuas, &
affumpfit eum,
atque portavit in
humeris fuis.
Deut. 32. 10.
11.

Comme un aigle attire fes petits pour leur apprendre à voler, & voltige doucement fur eux; il a de même étendu fes aîles, il a pris fon peuple fur lui comme l'aigle fe charge de fes aiglons, & l'a porté fur fes épaules.

Sicut erudit fi-
lium fuum homo,
fic Dominus Deus
tuus erudivit te.
Deut. 8. 5.

Le Seigneur votre Dieu s'eft appliqué à vous inftruire & à vous régler, comme un homme s'applique à inftruire & à corriger fon fils.

L'Idée de la providence eft inféparable de celle d'un Dieu créateur. Principe de tous les êtres, il les conduit tous par des voies analogues à leur nature & à leur deftination. Ainfi dirige-t-il les corps par des loix fixes & invariables: guide-t-il les animaux par un inftinct fûr & uniforme. Ainfi gouverne-t-il les hommes par des voies fages & libres. Voilà la Providence.

C'est le dogme que la Religion de concert avec la raison oppose au hazard & au fatalisme, impiété qui rentre dans celle de l'Athéisme. Dire en effet que tout arrive sans cause, sans dessein ; que tout est la suite d'une chaîne bizarre & nécessaire, c'est-à-dire, qu'il n'y a point de Dieu, puisque c'est lui ôter sa sagesse, sa lumière & sa puissance. Ainsi ayant créé des êtres intelligens, il les gouverne, il préside à leurs actions, à leur sort : & ce soin auguste présente les caractéres de ses divins attributs.

Providence infinie : elle s'étend à tout : pas un événement, pas une action, pas une pensée qu'elle ne prévoye, qu'elle ne dirige, dont elle ne discerne & ne conduise les ressorts les plus secrets. Elle compte nos cheveux même : à plus forte raison fixe-t-elle les moindres mouvemens de notre cœur. Rien en cela d'indigne de sa grandeur. Etant infini, il gouverne une infinité d'êtres comme un seul. Loin qu'il déroge à sa majesté par le soin de ce qui paroît petit, il la releve. D'un côté tout est néant à ses yeux : de l'autre tout est digne de ses regards. Le moin-

dre être a été dans la création l’objet
de sa puissance : il doit être celui de sa
providence. C’est méconnoître la véritable grandeur de Dieu , que de ne
pas la faire consister dans le soin &
& l’amour de tous les êtres spirituels
qu’il a tirés de son sein.

Providence puissante & infaillible :
& c’est là un nouveau trait digne d’admiration. Que Dieu détermine les corps,
conduise les animaux par des voies sû-
res, rien d’étonnant , ces êtres ne peuvent résister. Qu’il gouverne l’homme
par des voies libres , & que toutefois
le succès soit aussi prévu, aussi certain,
que s’il étoit nécessaire , voilà la merveille de sa providence. Elle fixe avec
une certitude immuable les événemens
dépendans d’une infinité de combinaisons & de ressorts ; elle dispose des cœurs
même avec autorité, & cela sans donner aucune atteinte à leur choix. Une
lumiére infinie, une puissance sans bornes, une sagesse admirable sçait rendre
certain & infaillible des moyens fail-
libles par eux-mêmes. Sans décider irrévocablement le cœur, elle dirige son
choix ; & ce choix , quoique très-libre,
est prévu, est amené avec autant de

certitude , que s'il étoit nécessaire. Il n'y a que le suprême Modérateur des cœurs qui puisse ainsi allier deux objets si incompatibles en apparence, la liberté des êtres , & l'infaillibilité de la Providence.

Providence de bonté : tout destin bizarre & fatal n'offre qu'un objet de désolation ; c'est le hazard ou le caprice qui forme le sort. Quelle terreur ! Les voies d'un Dieu, essentiellement amour, portent nécessairement ce caractére aimable. Il implique qu'en genre d'utilité & d'avantages Dieu ait d'autres desseins que le bien de ses créatures. Ses œuvres tendent toutes à sa gloire, parce que toutes elles sont dans la justice & l'ordre; mais toutes tendent aussi au bonheur des hommes , parce qu'étant la foiblesse , l'indigence , & aspirans à la félicité, Dieu qui les a destinés à cette fin , veut les y conduire. Les routes les plus séveres en apparence n'ont pas d'autre terme : & telle est la solide consolation de l'homme. Dans les voies les plus obscures sur son sort, toujours il doit y adorer , y aimer des vuës secrétes de miséricordes.

Providence infiniment sage. Nul dé-

cret où cette fageſſe ne brille. Sageſſe
dans la proportion des moyens avec la
fin: cette liaiſon eſt non-ſeulement certaine, mais *néceſſaire*. Dès qu'on connoît la fin, ſans même connoître encore les moyens, on eſt ſûr qu'ils exiſtent. Qu'ils ſoient ſecrets, qu'ils ſoient
intimes & impénétrables, que des eſprits critiques & téméraires en nient la
réalité & la poſſibilité même; un principe conſtant en démontre l'exiſtence.
Dieu étant la ſageſſe infinie, il implique qu'il décerne une fin, ſans y joindre tous les moyens analogues & ſuf-
fiſans.

Sageſſe dans la proportion des moyens
avec la nature & les beſoins des individus. Ayant varié par ſa liberté & ſa
fécondité infinie la deſtination & les
dons de ſes êtres, ſes ſecours y répondent exactement. Ainſi l'homme, agent
libre, eſt pourvu des lumiéres & des
ſecours qui aident & développent l'exercice de ſa liberté. Appellé à une fin
ſurnaturelle, il a des graces de même
nature. Aſtreint à des devoirs pénibles
& parfaits; Dieu lui donne tout ce qui
peut les lui rendre poſſibles. Expoſé à
des miſéres, à des écueils, à des com-

bats, il lui imprime les forces relatives à ſes beſoins. Quelle carriére infinie de ſageſſe , ſi on examine de près la variété & l'économie des ſoins que Dieu daigne prendre de l'immenſité des êtres !

D'après une maxime ſi certaine aux yeux ſeuls de la raiſon, on ne trouveroit plus rien d'obſcur dans la Providence : elle n'étaleroit que lumiére & équité. Mais l'homme toujours curieux & téméraire , au lieu de chercher les ſoins du Très-haut dans ſon être adorable, dans ſa ſageſſe & ſon amour, veut les trouver dans ſon propre cœur. Delà ſes mépriſes , ſes critiques. De là il oſe diſputer à la Sageſſe divine le moyen de conduire des êtres libres ; du moins il voudroit appercevoir clairement cet accord. La Philoſophie a embraſſé cette queſtion pour approfondir le concours *naturel* de la Providence. Des écoles ſe partagent depuis des ſiécles : & ces queſtions (ainſi que celles du vuide & de l'infini) ne ſeront pas mieux éclaircies ni jugées après mille ſiécles. Ne ſeroit-il pas plus ſûr & plus lumineux d'abandonner ces thèſes *interminables,* & de ſe borner à des points évidens ?

Dieu comme suprême moteur physique opère tout dans la nature, suivant
le cours des loix harmoniques qu'il a
établies. Son pouvoir, dans ce genre,
est le même qui commanda au néant.
Comme suprême moteur intellectuel &
moral, il guide les esprits & les cœurs
avec une sagesse & un empire digne
de sa majesté. Mais enfin il leur laisse
l'exercice réel des facultés dont il les a
doués : & la providence des cœurs est
toute différente de celle qui régit les
corps. Ce n'est pas que Dieu ne pût,
s'il le vouloit, entraîner toutes les puis-
sances de l'homme ; mais ayant décreté
de le laisser libre, il est palpable qu'on
ne doit plus admettre dans sa providence & ses secours une action quelconque qui abrogeât la liberté. Si les
hommes bien convaincus de cette double vérité capitale, *le pouvoir & l'action
du Créateur*, analogue à sa puissance,
à sa sagesse, à sa bonté ; *le choix, la
liberté de la créature*, analogue à ses
facultés, à ses devoirs, à sa fin, n'avoient
pas voulu en chercher le nœud secret ;
que de travaux épargnés ! que de di-
visions prévenues ! L'écueil est que le
Philosophe croit toujours devoir signaler

fa fcience ; & d'un point palpable connu de tous , partir pour trouver des véri- tés inconnues aux autres , *la profondeur des voies de la Providence.* Or ce plan de progrès , qui peut être utile quand les connoiffances font poffibles , eft nui- fible lorfqu'elles font impoffibles. Lorf- que les difcuffions de plufieurs fiécles , loin d'éclaircir les queftions , ne font que les embrouiller , parce qu'elles ne font pas de nature à être éclaircies : lorfqu'elles n'aboutiffent qu'à l'obftina- tion & à l'aigreur , alors la juftefle doit les fupprimer , & diriger ailleurs les travaux pour l'avantage des fciences & de la fociété.

Ces réfléxions font à peu-près les mêmes fur l'état & le fecours furnatu- rel. A part la dignité de l'hypothèfe, la majefté des fecours , l'importance de la fin , Dieu fuit dans les voies de la grace les voies de l'ordre naturel ; puifque dans la nature comme dans la grace on y voit le domaine du Tout-puiffant & le choix du cœur.

Deux points certains dans l'ordre du falut : la néceffité , l'onction , la puif- fance de la grace qui difpofe des cœurs fuivant les deffeins auguftes & profonds de la Providence ; & le choix réel de ces cœurs qui suivent librement l'impreſſion de la grace. Voilà ce que l'Evangile enſeigne, ce que l'Egliſe a décidé : ce qui, quand on le médite humblement, quand on le développe prudemment, eſt une ſource de lumiéres & de zèle. Comment ſe concilient ces deux vérités ? Quel en eſt le nœud ſecret ? Comment la grace agit-elle dans le cœur, & le cœur agit-il ſous la grace ? Comment devons-nous tout demander, tout eſpérer, comme ſi tout dépendoit uniquement de Dieu ; tout entreprendre, tout faire, comme ſi tout dépendoit de nous. Les diſcuſſions les plus ſubtiles n'éclairciront jamais ces profondeurs ; parce que dans l'ordre de la grace le *comment* eſt encore plus impénétrable dans l'ordre de la nature ; parce que Dieu qui peut nous édifier, nous conſoler, nous animer, a bien voulu réveler les richeſſes & les bienfaits de ſa grace, nous en a caché le myſtére & l'opération. Le Chrétien humble & judicieux, loin de le chercher ce myſtére, l'adore avec une foi tranquille : s'il ſe borne à ſçavoir ce qui l'intéreſſe, la puiſſance de la grace & la liberté de ſon cœur.

D'autres ombres encore dans la Providence : celles qui obscurcissent son équité. Combien d'événemens sur la terre semblent renverser la justice & l'ordre ; annoncer , non pas la main pure & sainte d'un Dieu , mais un destin bizarre & injuste ! Un mot suffit pour dissiper ces ombres , & y faire appercevoir une équité inaltérable , *l'éternité de la Providence.*

En effet si elle ne dirigeoit l'homme que sur la terre , si elle ne sortoit pas de la sphère rapide de ces jours fugitifs , osons le dire , elle ne seroit digne ni de Dieu , ni de nous. On n'y verroit ni les traits de la sagesse & de la bonté , ni la proportion entre les œuvres des hommes & leur sort. Le succès des projets bizarres , le renversement des desseins sages & équitables , le triomphe de l'injustice & de la barbarie , l'oppression de l'innocence , les revers , les larmes des justes , la gloire & la prospérité des impies : que d'autres objets encore qui montreroient sur la terre un gouvernement de hazard & d'iniquité ! Ces plaintes seroient justes , encore une fois , si le siécle présent bornoit la Providence. Mais il est un fiécle futur; dès-lors plus on découvre d'ombres & de nuages ici-bas , plus ce défordre promet & attefte un changement qui en fera la réparation authentique.

Il faut donc, pour connoître la Providence , l'envifager dans fon enfemble. Jugeroit-on d'un tableau immenfe fur un feul coup de pinceau? La critique de la Providence feroit plus téméraire encore, puifqu'il n'eft aucune proportion entre quelques momens & l'éternité des fiécles. Toute l'économie du monde actuel, à la prendre depuis Adam, n'eft qu'un point. Déja notre efprit eft trop borné pour faifir la multitude prodigieufe des motifs, des combinaifons de tous les événemens , des refforts prefque infinis des cœurs : mais ce vafte enfemble réuni, comparé à la combinaifon infinie des fiécles, n'eft qu'un inftant. Sur ce pivot porte peut-être une infinité d'autres événemens , qui rapprochés de ceux-ci , en démontreront la fageffe. Sans recourir même à ce regard qui étonne, qui éblouit, ne confidérons que le fort particulier de chaque homme. Cette vie n'étant qu'un voyage, que *l'effai* de l'être, la *prépa-*

ration à l'être , plutôt que l'*être* véritable ; il fuit qu'on ne doit juger des fuccès, des revers, de tous les événemens de ce fiécle, que relativement au fiécle futur. Dès-lors point de myftéres dans les voies les plus obfcures de la Providence. La raifon feule nous démontre que c'eft dans le fort à venir où nous verrons la jufte proportion entre les œuvres des hommes & les décrets du Seigneur. La vertu y fera récompenfée, le vice puni dans une mefure *géométrique* ; & la Providence y brillera, comme étant la fageffe de Dieu même. Il eft donc jufte d'attendre avec refpect, avec religion, ce terme de lumiére & de vérité, & dans cette attente d'adorer en paix l'équité fouveraine, alors même que fes deffeins actuels nous paroiffent le plus impénétrables.

D'ailleurs quoique les ombres qui l'environnent, nous cachent le fond fage de fes décrets, déjà la raifon nous découvre le foible des objections de l'incrédule. Pourquoi, dit-il , fi elle eft pleine de bonté , permet-elle les larmes? Pourquoi, fi elle eft fainte ,-permet-elle les crimes ?

Oui, Dieu pourroit combler tous les hommes de ſes dons temporels , & ne pas remplir la terre de fléaux & d'amertume : mais en ôtant des biens fragiles, dangereux peut-être , en répandant des maux utiles, & peut-être néceſſaires; c'eſt par-là qu'il prouve un amour éclairé & ſolide , un amour digne de lui & de nous. A le bien prendre, les maux de l'univers ne forment point d'ombres dans la Providence. Son objet n'étant pas préciſément de nous donner un ſort heureux ſur la terre, mais de combiner cette vie rapide avec le ſiécle futur ; dès-lors les maux & les larmes peuvent remplir ce ſage deſſein, & en faire la route de la félicité.

La profondeur de la permiſſion du crime eſt plus impénétrable. (Voyez la Section troiſiéme du Chapitre cinquiéme.) Un mot ſeulement : tout eſt bien du côté de Dieu dans le gouvernement moral des êtres. Il les dirige à une fin pure & heureuſe : il leur donne des loix analogues à cette pureté & à cette félicité , des loix analogues à leur nature, proportionnées à leurs beſoins & à leurs forces. Si , malgré ces maximes d'ordre, malgré ce plan ſi équitable, ſi avantageux , l'homme étant créé libre s'écarte de la loi; l'égarement vient de lui seul , la sagesse & la sainteté de la Providence sont toujours inaltérables.

Telle est donc la Providence envisagée aux yeux de la raison. C'est le gouvernement des êtres libres que Dieu conduit à leur fin. Providence infinie : elle veille à tout, elle dirige tout, elle exécute tout. Providence puissante : elle opére des prodiges , elle change les obstacles en moyens; elle accomplit dans le sein même de la liberté de l'homme , & malgré ses vains efforts , toute l'étenduë de ses projets. Providence sage : elle adapte ses moyens ; & à la fin qu'elle destine, & aux loix qu'elle impose , & aux êtres qu'elle conduit. Providence juste & sainte : si elle permet des miséres & des iniquités , c'est pour les réparer dans le siécle éternel. Là on découvrira sans voile la justesse, l'équité de cette Providence obscurcie sur la terre , mais toujours aimable & adorable dans son obscurité même.

SECTION CINQUIÉME.

La sainteté de Dieu.

TEXTES.

SAncti estote, quia ego sanctus sum. *Levit.* 11. 44.

Non est sanctus ut est Dominus ; neque enim est alius extra te. *1. Reg.* 2. 2.

Sanctus , sanctus, sanctus Dominus Deus exercituum. *If.* 6. 3.

Deus sanctus , & fortis æmulator. *Jof.* 24. 19.

Mundi funt oculi tui... & respicere ad iniquitatem non poteris. *Hab.* 1. 13.

SOyez saints [* , parce que je suis saint.

Nul n'est saint comme le Seigneur ; car il n'y en a point , Seigneur , d'autre que vous.

Saint , saint , saint le Seigneur Dieu des armées.

Dieu est saint, fort & jaloux.

Vos yeux font purs , & vous ne pouvez regarder l'iniquité.

[*] La sainteté de Dieu, c'est le caractére intime de fon être augufte, *l'ordre*, *la certitude* par effence. Sa loi la manifefte aux hommes , & leur impofe le devoir de s'y conformer.

TEXTES.

Les cieux ne sont pas purs en la présence du Seigneur ; & il a trouvé de la méchanceté jusques dans ses Anges.

Ecce cœli non sunt mundi in conspectu tuo , & in Angelis suis reperit pravitatem. Job. 15. 15. & 4. 18.

Les jugemens du Seigneur sont véritables & pleins de justice en eux-mêmes.

Judicia Domini vera , justificata in semetipsa. Ps. 18. 10.

Tous les préceptes sont fidéles & stables dans tous les siécles , ayant été faits sur les régles de la vérité & de l'équité... Son nom est saint & terrible.

Fidelia omnia mandata ejus , confirmata in sæculum sæculi , facta in veritate & æquitate.... Sanctum & terribile nomen ejus. Ps. 110. 8. 9.

La loi est sainte , & le commandement est saint, juste & bon.

Lex sancta , & mandatum sanctum, & justum, & bonum. Rom. 7. 12.

Tous les jugemens de votre justice sont éternels.

In æternum omnia judicia justitiæ tuæ. Ps. 118. 160.

Les jugemens du Seigneur sont pesés à la balance.

Pondus & statera judicia Domini sunt. Prov. 16. 11.

Il a fait avec eux une alliance éternelle , & leur

Testamentum æternum constituit cum illis , &

TEXTES.

juftitiam & judicia fua oftendit illis. *Eccli.* 17. 10.

Mandatum lucerna eft, & lex lux. *Prov.* 6. 23.

Hic eft Deus nofter... Hic adinvenit omnem viam difciplinæ. *Bar.* 3. 36. 37.

Hic liber mandatorum Dei, & lex quæ eft in æternum. Omnes qui tenent eam, pervenient ad vitam ; qui autem dereliquerunt eam, in mortem. *Bar.* 4. 1.

Beati mundo corde, quoniam ipfi videbunt Deum. *Matth.* 5. 8.

Sequimini... fanctimoniam, fine qua nemo vi-

a appris les ordonnances de fa juftice.

Le commandement eft une lampe, & la loi eft une lumiére.

C'eft lui qui eft notre Dieu... C'eft lui qui a trouvé toutes les voies de la vraie fcience.

C'eft ici le livre des commandemens de Dieu, & la loi qui fubfifte éternellement. Tous ceux qui la gardent arriveront à la vie ; & ceux qui l'abandonneront, tomberont dans la mort.

Bienheureux ceux qui ont le cœur pur, [*] parce qu'ils verront Dieu.

Confervez... la fainteté, fans laquelle per-

[*] La fainteté de Dieu eft jaloufe, féconde, puiffante. Elle fait le malheur de ceux qui s'en écartent, & le bonheur des ames fidéles.

TEXTES.

fonne ne verra Dieu.

Le Seigneur eft loin des impies.

Dieu a en horreur l'impie & fon impiété.

Vous n'êtes pas un Dieu qui approuves l'iniquité. L'homme qui eft malin ne demeurera point près de vous, & les injuftes ne fubfifteront point devant vos yeux. Vous haïffez tous ceux qui commettent l'iniquité.

La fageffe n'entrera point dans une ame maligne, & n'habitera point dans un corps affujetti au péché.

Mon efprit ne demeurera pas avec l'homme, parce qu'il n'eft que chair.

debit Deum. *Heb.* 12. 14.

Longè eft Dominus ab impiis. *Prov.* 15. 29.

Odio funt Deo impius & impietas ejus. *Sap.* 14. 9.

Non Deus volens iniquitatem tu es, neque habitabit juxta te malignus, neque permanebunt injufti ante oculos tuos. Odifti omnes qui operantur iniquitatem. *Pf.* 5. 5. *& feqq.*

In malevolam animam non introïbit fapientia, nec habitabit in corpore fubdito peccatis. *Sap.* 1. 4.

Non permanebit fpiritus meus in homine.. quia caro eft. *Gen.* 6. 3.

DIeu eft faint : c'eft fon attribut effentiel, l'objet de la louange éternelle des élus, *faint , faint , faint eft* *le Dieu des armées.* Il est lui-même la sainteté & l'ordre par essence. Tout ce qu'il a de juste, de parfait, de sage, de beau, forme le fond de son être. Toujours il aime cette sainteté, toujours il la suit dans ses décrets & ses œuvres: il ne peut non plus s'en écarter, que se démentir, que se dépouiller de son essence.

Or cette sainteté, en formant l'essence de Dieu, devient la régle suprême de l'homme. Il seroit inconséquent & absurde de dire: Dieu est l'ordre. Il est astreint en tout aux régles de l'ordre par l'excellence de sa nature; & toutefois l'homme n'y est point astreint. Il peut s'en écarter pour suivre son penchant & ses caprices. Non: la sainteté de Dieu, par-là même qu'elle est l'ordre & la justice de son être, devient nécessairement la régle, le devoir essentiel de l'homme.

Telle est l'origine, la source radicale qui constitue le bien & le mal, qui en constate la différence intrinséque & infinie, qui en fixe l'immutabilité. Ce que Dieu pense & agit, ce qui est analogue au fond même de son être, ces idées éternelles du vrai, du beau, du raisonnable, du sage, (expression de la divinité) c'est le bien. Il ne peut non plus changer, que Dieu lui-même. Voilà ce qui dirige, ce qui motive, ce qui prescrit les actions de l'homme; & cela, non par autorité positive, par convention, ou législation arbitraire, mais par *la nature des choses*. Ainsi ce que l'homme fait de conforme aux idées de Dieu, c'est le bien. Ce qu'il fait d'opposé, c'est le mal. L'obéissance, voilà la vertu. La révolte, voilà le crime. Ces deux extrêmes naissent du même point. La rectitude infinie de Dieu est la régle suprême & immuable, qui mesure ou la fidélité, ou les écarts. En Dieu le bien seul est possible. Dans l'homme le bien & le mal sont possibles, parce qu'il peut ou suivre la sainteté de Dieu, ou s'en écarter.

Or ce bien & ce mal sont tels avant toute loi positive, divine & humaine, avant tout autre bien possible; parce leur regle se tirant de l'être de Dieu même, rien ne peut être antérieur à ce devoir éternel. L'on peut en comparer la certitude intrinséque & nécessaire à celle des nombres & des figures. Que le cercle différe du triangle;

que

que le tout soit plus grand que sa partie ; que deux nombres égaux ne le soient plus d'après une addition inégale : ce sont là des vérités liées avec l'essence de Dieu même : car si le oui & le non sur un même objet étoient également vrais, plus de certitude quelconque, pas même dans l'idée & l'existence de Dieu.

Même certitude dans l'opposiion intrinséque du bien & du mal , dans le devoir qui en résulte relativement à l'homme. Comme il est vrai que Dieu est essentiellement juste ; que ce qui est conforme à cette justice, est bien ; que ce qui y est opposé, est mal : il est vrai que l'homme doué d'intelligence & de liberté doit suivre ces régles immuables ; qu'en les suivant , il est dans la certitude ; qu'en s'en écartant , il se rend coupable. Comme il est vrai que l'infini est plus grand que le fini, il est vrai que de ces deux genres d'êtres résultent des rapports infiniment inégaux ; que l'homme, être borné & fini, doit à son principe infini l'adoration , l'obéissance, l'amour : devoir aussi nécessaire , aussi invariable , qu'il est vrai que Dieu ne peut cesser d'être Dieu,

Tome I.   E

ni l'homme d'être créature. Ainſi la racine primitive & éternelle du bien étant immuable dans Dieu, tout eſt également immuable dans la différence infinie, inaliénable du bien & du mal. Relativement à l'homme, le bien eſt néceſſairement tel, puiſqu'il a pour baſe l'ordre par eſſence ; le mal néceſſairement tel, puiſque c'eſt l'écart, la tranſgreſſion de cet ordre. De ces deux extrêmes naît une oppoſition auſſi grande qu'elle eſt entre le *oui* & le *non*. Vouloir les rapprocher, les confondre, ce ſeroit ſuppoſer dans la Divinité même & dans l'ordre des choſes un cahos horrible, un pur Athéiſme.

Tel eſt donc le bien moral relatif à Dieu. Le bien ſocial porte ſur la même baſe éternelle. Comme il eſt vrai que deux lignes égales ont des rapports égaux, il l'eſt que deux hommes, créés avec la même nature, les mêmes rapports, la même fin, ſont égaux, & ont des devoirs d'une relation égale. Quelle que puiſſe être l'inſtitution poſtérieure de ces devoirs, quels qu'en ſoient les motifs, les appuis, les avantages ; cet enſemble de ſageſſe, de force & de politique, ſuppoſe toujours le fondement primitif : ce n'est point le plan d'une société factice , c'est une convenance éternelle, c'est la *nature des choses.* Elle existe cette convenance dans l'hommage que doit notre dépendance , notre néant, à la grandeur du premier être : elle existe dans l'équité exacte que nous prescrit mutuellement notre égalité. Créés pour vivre ensemble , pour former une société par mille & mille nœuds , ce plan qui a sa racine & sa force dans la sagesse de Dieu, motive l'égalité de nos rapports & de nos obligations. Le droit que j'ai à ma conservation & à mes intérêts justes , les autres l'ont comme moi : le droit que je puis avoir sur eux , droit d'équité, d'amitié, de charité, ils l'ont sur moi. Dès-lors s'ils me refusent mes droits, ils sont injustes : je le suis, si je leur refuse les leurs. Voilà ce que l'ordre prescrit ; & ce qui fixe avec autorité, avec sûreté & précision tous nos rapports. Pas un état, pas un individu qui ne soit réglé par ce principe évident. Il s'étend encore sur les devoirs uniquement relatifs à notre être , sur l'obligation de ne chercher ses œuvres & son bonheur, que conséquemment à la loi.

E ij

Cette parité des vérités géométriques & morales (en fait de certitude & de racine) ne frappe point si évidemment certains Philosophes. Ils ne voudroient admettre de vraies démonstrations que dans les nombres & les figures , dont le résultat est nécessaire. Mais cette différence prétendue n'est qu'un préjugé des sens. Les vérités morales ont , ainsi que les vérités métaphysiques , l'être même de Dieu pour appui. Quel est le germe d'une démonstration géométrique ? Ce premier principe source & centre de toute vérité : *Une chose ne peut pas tout à la fois être , & ne pas être.* Ainsi le cercle triangle seroit cercle , & ne le seroit pas. Cinq composés de deux & deux seroient cinq , & ne le seroient pas : de là tout crouleroit. Il en est précisément de même dans les devoirs moraux. Si l'homme n'étoit pas , *par la nature des choses* , obligé à respecter , à servir son Auteur , à lui conformer tout son être : si vivant dans la société il ne devoit pas garder l'égalité des devoirs dans l'égalité des droits & des rapports , Dieu ne seroit ni approbatéur ni législateur du bien. On ne verroit dans lui ni sagesse , ni

amour de l'ordre : donc il ne seroit pas.
Ainsi nier l'immutabilité du bien & du
mal, c'est renverser ce principe, base
de toute vérité : *Une chose ne peut pas
tout à la fois être, & ne pas être* ; puisque dans cette hypothèse Dieu seroit,
& tout à la fois ne seroit pas saint &
& juste.

Si nous sommes moins frappés de ces
rapports éternels qui forment nos devoirs, que des vérités géométriques, ce
n'est pas que les vérités morales soient
moins certaines ; mais loin de les chercher & de les aimer, on les craint, on
forme, on chérit ses doutes. Le discernement, le goût moral est altéré par les
ténébres de l'esprit, par l'injustice du
cœur : voile funeste qui dérobe à
l'homme une connoissance aussi vive
des principes de l'ordre, que l'est celle
qu'il a des premiers principes de vérité. Du reste, la source & l'immutabilité, tout y est égal, le même Dieu étant
vérité & ordre par essence.

La sainteté intime de Dieu étant
l'ordre, la convenance éternelle des choses, par là même est la régle de l'homme, & présente les augustes empreintes des perfections de Dieu même.

Régle éternelle : née avant tous les siécles, le genre humain étoit encore dans le néant : déja le lien qui devoit l'obliger , étoit une perfection, un décret de Dieu. Régle pure & sainte : elle n'impose que des devoirs d'équité, **des** devoirs qui ne peuvent qu'éclairer, élever l'esprit , sanctifier le cœur. Régle sage : elle est exactement proportionnée aux êtres qu'elle dirige. Toujours elle est revêtue de secours qui la rendent possible, qui l'adaptent à leur état, à leurs besoins. Régle auguste & redoutable : son ordre n'est point stérile ; elle porte avec elle des motifs d'autorité & de terreur. Régle aimable : outre qu'elle produit la consolation & la paix , le fruit réel & solide de la loi, c'est la félicité ; & tous ceux qui la suivent, par là même travaillent à leur vrai bonheur.

Telle est l'autorité vraiment digne du Très-haut , vraiment utile à l'homme. La source , c'est la rectitude essentielle du premier Etre. Le lien , c'est le devoir indispensable de se conformer à cette rectitude , & de là tout ce qui caractérise une loi divine. Son objet n'est pas précisément de créer un tribunal de terreur pour subjuguer & effrayer les hommes, mais de leur montrer, dans le sein de Dieu même, *l'ordre éternel*, qui conſtitue leurs devoirs, & qui forme leur bonheur.

Répetons-le : ces vérités éternelles ſur la racine & la différence du bien & du mal, ſont liées avec la nature des choſes : mais pour les rendre plus vives & plus ſenſibles, Dieu a daigné les imprimer dans notre cœur. Sans autre diſcuſſion métaphyſique, un regard ſur notre conſcience intime nous les montre.

Car qu'eſt-ce que la conſcience ? Un ſanctuaire où Dieu ſemble habiter avec nous, où il nous rend ſenſible ſa préſence ; où, comme ſur les tables de Moyſe, il imprime ſa loi & nos devoirs. De là s'éleve une voix ſecréte, mais vive & puiſſante ; une voix que rien ne peut étouffer, qui eſt comme le héraut & l'interprète de la Loi divine. Elle nous dit cette voix, & elle nous fait vivement ſentir que le meurtre, la trahiſon, l'injuſtice, l'ingratitude, la volupté, la fourberie, l'impiété, ſont des œuvres criminelles ; que l'équité, l'humanité, la pureté, la charité, la piété, ſont des œuvres ſaintes, conformes à la loi. En vain des préjugés, des leçons de ténébres tâchent d'étouffer cette lumiére : elle perce ce voile contagieux ; elle éleve le langage de la vérité fur celui du menfonge. Elle nous préfente les veftiges d'horreur fecréte pour le mal, d'amour pour le bien, qui conftatent l'impreffion primitive de l'ordre dans un cœur fait pour la vertu. Elle y joint des remors importuns qui déchirent l'ame rebelle au milieu de fon impunité & de fes plaifirs, des fentimens confolans, qui au milieu même des larmes, pénétrent le cœur fidéle.

Or ces veftiges fi profonds, fi durables, qu'annoncent-ils ? La nature même du cœur & la loi de Dieu, dont il eft comme le fanctuaire. Si ce n'étoient là que des préjugés, ils feroient moins vifs, moins univerfels, moins conftans. On ne les verroit pas dans tous les cœurs, même enfoncés dans l'égarement. Dans toutes les nations, même les plus fauvages, cette uniformité qui fous un feul cœur peint tous les autres, annonce l'opération de la Divinité.

Pour ne parler que des remors, d'où vient ce cri fecret, importun, vengeur, qui humilie, qui reproche, qui déchire ceux qui ont violé la loi, leur crime, fût-il dans de profondes ténébres? D'où vient un tribunal si singulier? Qu'est-ce qui le rend redoutable? Il n'a ni autorité extérieure, ni témoin: ce sanctuaire de notre être est pour tout autre une nuit impénétrable. Nous ne sommes pas intéressés à combattre contre nous-mêmes; & s'il n'y avoit d'autre loi que nos desirs, toujours nous serions d'accord avec nos œuvres. Pourquoi donc cette contradiction intérieure? Le voici. Une mauvaise action a de la convenance avec nos penchans déréglés; mais elle est opposée à cette convenance éternelle que le cœur doit avoir avec la volonté de Dieu. Cette empreinte de sagesse & d'ordre, malgré nous, réclame dans notre ame: de là les lumiéres, les remors, que le cœur lui-même ne peut étouffer; parce qu'il ne peut ni effacer l'idée de l'ordre, ni empêcher les reproches vengeurs qui naissent de son altération.

Tout est donc tracé par la main de Dieu même; tout est ineffaçable dans l'image qui nous peint sa loi. Aussi est-elle appellée *naturelle*, pour la distinguer de toute autre. Les loix positives, même divines, ne présentent point ce

caractére immuable. Dieu peut impofer des préceptes nouveaux , des rites :
& fa volonté fuprême eft toujours pour
l'homme une autorité irréfragable ; mais
enfin les objets prefcrits ne font facrés
que par l'ordre libre qui les a conftitués
tels. Auparavant ils étoient indifférens :
ils peuvent l'être encore, fi la loi ceffe.
Mais la différence infinie , immuable
du bien & du mal, fe tire de l'immutabilité de l'ordre par effence, qui eft
Dieu. Dès-lors il eft métaphyfiquement
impoffible que les œuvres conformes à
cet ordre ne foient *vertu ;* que celles
qui s'en écartent, ne foient *mal :* double caractére qui forme ou la claffe des
hommes vertueux , ou celle des coupables.

Vainement contre ces principes d'une
vérité métaphyfique voudroit-on alléguer de miférables fophifmes. C'eft op-
fer les ténébres à l'évidence. Que Dieu,
dira-t-on , foit l'ordre par effence,
qu'il le fuive dans les opérations intimes de fon être, rien n'eft fi jufte. Mais
cet ordre fi exact, fi fublime, n'eft point
pour des êtres fi rampans. Le Très-
haut dédaigneroit de les leur prefcrire :
fa majefté , fa fainteté , fa gloire , fa

félicité, ses perfections ineffables, ne peuvent être ni altérées par les foiblesses des hommes, ni décorées par leurs vertus. Un Monarque s'occuperoit-il des plans d'une fourmi ? Nous sommes moindres encore devant Dieu.

Pur sophisme qui prend sa source dans l'amour & l'apothéose des passions injustes. C'est précisément la grandeur de Dieu qui érige sa rectitude, sa volonté en loi immuable, éternelle, universelle. C'est parce l'homme est néant, que son cœur & ses œuvres sont essentiellement subordonnées à son Auteur. Plus il est petit, plus aussi il est coupable. S'il ose se soustraire à son autorité, & suivre un plan injuste opposé à sa sainteté adorable, un Prince seroit insensé, s'il vouloit gouverner les vers & fourmis. Nul rapport entre le trône & ces insectes Il est entre Dieu & tous les êtres un rapport essentiel. Si la disproportion de l'homme au Créateur suffit pour abroger la loi, nulle loi possible, relativement à tous les êtres réunis. Supposons des millions de tourbillons & de planétes: supposons les créatures les plus multipliées, les plus sublimes; de la totalité de ces êtres à Dieu l'intervalle eſt auſſi grand, qu'il l'eſt du moindre des hommes à la ſublimité de ſon trône. De cette élévation ſuprême conclure que Dieu dédaigne d'impoſer des loix, c'eſt n'établir d'autre loi que les caprices de chaque créature; ce qui eſt auſſi extravagant qu'impie. La raiſon dit au contraire que préciſément de cette grandeur infinie naît la ſageſſe & l'autorité des loix divines, & que néceſſairement elles obligent tous les êtres ſpirituels. Il implique qu'il ait deux poids & deux balances, qu'il faſſe des loix d'ordre pour de ſublimes eſprits, & qu'il ne daigne pas y aſtreindre les hommes, parce qu'ils ſont terreſtres & bornés. Loin de s'abaiſſer en gouvernant les hommes, il remplit une fonction de majeſté. Il ſuffit à tout, une infinité de mondes n'étant relativement à ſes lumiéres & à ſon pouvoir que comme un ſeul homme.

Mais ſi cette régle étoit immuable, y verroit on tant de variétés ? Le climat, le génie d'une nation, la trempe des hommes ſemblent par-tout former des morales différentes. En convenant, ſoit de la variété des opinions morales, ſoit de l'égarement des hommes, qu'en conclure contre la loi ? C'est comme si de nos erreurs on inféroit qu'il n'y a point de vérité. La loi est pure, pénible : l'homme est déréglé, il est libre. Dès-lors est-il surprenant qu'il change ou qu'il viole la loi ? Si malgré son évidence il en est qui la méconnoissent ou l'obscurcissent, la raison en est toute simple. On ne pense point à nier ou les calculs, ou les vérités géométriques, parce qu'elles n'ont aucun trait à nos intérêts & à nos passions. La loi morale les gêne, les réprime, les détruit. De là les ténébres volontaires, de là les révoltes. C'est le cœur qui décide à suivre ses desirs, enfante des préjugés, des illusions, cherche des systêmes, combat l'évidence : mais tous les écarts possibles ne donnent aucune atteinte à l'immutabilité de la loi.

Rapporter enfin la loi uniquement à l'utilité & aux besoins des hommes, & non à l'essence de Dieu dont la gloire est indépendante de nos œuvres, c'est prendre l'effet de la loi pour son germe & son principe ; c'est ouvrir un systême impie & funeste ; c'est changer les idées éternelles de l'ordre en pure politique.

Sans doute, les loix humaines qui récompenſent la vertu & puniſſent le crime, ſont utiles & même néceſſaires à la ſociété. Sans elles la diſtinction purement intrinſéque du bien & du mal feroit peu d'impreſſion ſur des cœurs terreſtres ; mais ne tirer la notion du mal que des loix humaines, c'eſt renverſer d'un ſeul coup & la Religion & la ſociété.

S'il n'y a point de loi divine & éternelle, il n'y a point de lien intime & moral des cœurs : l'homme n'a d'autre régle réelle que ſes deſirs & ſes paſſions : en les ſuivant, il remplit ſa deſtination & ſa fin. Ainſi le penchant quelconque de ſa nature, voilà pour chaque individu ſa lumiére, ſon attrait, ſon code, ſon bonheur. D'après un ſyſtême ſi ſenſuel, ſi effréné, il eſt bien certain que la Religion entiére croule & périt. Ce n'eſt plus qu'une illuſion & un phantôme, ou pour ſéduire, ou pour effrayer les ſimples.

Mais allons plus loin. S'il n'y a point de loi divine & éternelle, il n'y a point de Dieu ; puiſqu'il n'exiſte ni ſageſſe, ni équité, ni ordre. Il n'y a donc que bizarrerie, deſtin, injuſtice, pur

Athéifme. En effet fuppofer que Dieu ait créé des êtres intelligens fans loi morale , c'eft la contradiction la plus monftrueufe : c'eft dire que Dieu eft, & tout à la fois qu'il n'eft pas. D'un côté Dieu exifte , puifqu'il eft créateur : or ce titre augufte renferme effentiellement les perfections infinies du premier Etre. D'un autre côté Dieu n'exifte pas, puifqu'il eft fans fageffe , fans fainteté , fans ordre moral. Il dément fon effence & fa grandeur , dèslors qu'il n'impofe pas à des fubftances fpirituelles émanées de fon fein l'obligation de s'aftreindre à l'ordre , de rendre leurs hommages à leur fouverain principe , de garder l'équité envers leurs égaux , la fageffe & la modération envers eux-mêmes. Laiffer ces êtres fans loi , c'eft n'en point avoir d'effentielles , c'eft n'être pas infiniment parfait. Ainfi de l'abrogation du bien & du mal naît le noir fyftême de l'Athéifme.

Mais comment encore pourroit-on imaginer que les hommes ont été affez éclairés pour appercevoir que le crime étoit contraire à la raifon, à la fociété , affez juftes pour le profcrire , & que le Créateur n'a eu ni les mêmes lumiéres, ni la même équité, ni le même pouvoir ? Ne sçavoit-il pas que laisser ses êtres sans loi, c'étoit leur ouvrir une carriére d'horreur, former une société de monstres? Devoit-il attendre qu'instruits par leurs malheurs, ils eussent eux-mêmes formé un code? Ce systême n'est qu'ineptie & délire. Il est évident que les loix humaines ont eu pour modéle & pour tige la loi éternelle.

D'ailleurs à ne supposer que les loix humaines sur le vice & la vertu, la société périt ; parce qu'elles n'auront par elles-mêmes aucune stabilité. Car enfin la même autorité qui a établi des loix positives & arbitraires, peut les abroger, les changer. Ou les hommes n'ont pas eu le droit de former ces loix, ou ils ont celui d'y en substituer d'autres. Ainsi ce qu'on appelle vice, pourra un jour devenir vertu, & la vertu devenir vice. On le démontre.

L'immutabilité ne pourroit se tirer que de la loi intime, que du législateur, ou du motif. Or tout y est variable. La loi, puisqu'on suppose précisément que son objet, que sa racine n'est point intrinséque, immuable. Le Législateur, puisque c'est l'homme seul ; &

rien n'est plus inconstant. Le motif enfin a autant d'instabilité : c'est le bien public & temporel de la patrie. Or ce bien, dans plusieurs parties, peut naître de ce qu'on appelle vices. N'y a-t-il pas des nations de voleurs, de forbans, de cyniques ? L'Auteur de l'Esprit des Loix n'a-t-il pas étalé son immense érudition pour prouver qu'il n'y avoit point de loi si bizarre, si dure, si indécente, si injuste même, qui relativement aux climats & aux hommes, n'eût eu son avantage ? Il est donc très-possible, si les hommes ont formé le code actuel du vice & de la vertu, d'en voir éclore un tout différent. Que dis-je ? Ne le voit-on pas de nos jours ? Tant de malheureux codes philosophiques ne font-ils pas le renversement des loix divines & humaines pour établir sur leurs débris des paradoxes d'impiété, de liberté & d'indécence ?

Mais supposons les loix humaines stables : elles seront sans force. Ne formant aucun lien intime de cœur, elles n'ont d'autre appui, d'autre motif que la puissance & la crainte qui les environne. Dès-lors on les observera, pour plier sous l'autorité, & éviter les châtimens. Du reste , dès qu'on pourroit les éviter avec adresse, ou les rompre avec fureur , rien ne sera mieux acquis & plus conséquent que ce droit. Si les hommes ont usurpé celui de me gêner & de me punir , j'ai celui de me dérober par tous les moyens possibles, & à leurs loix , & à leurs châtimens. De-là quels désordres ! quelles horreurs ! La société entière ne seroit qu'une mer de monstres toujours prêts à se dévorer.

Il est donc constant que la distinction du bien & du mal est fondée sur les idées de l'ordre , qu'elle a sa tige dans une convenance éternelle , dans une volonté nécessaire de Dieu , antécédemment à toute loi positive. Voilà sa sainteté ineffable , cette perfection souveraine , suivant laquelle Dieu agit toujours par la rectitude & l'excellence de sa nature , & à laquelle sont essentiellement astreints tous les êtres spirituels susceptibles d'ordre & de loi morale.

SECTION SIXIEME.

La bonté & la justice de Dieu.

TEXTES.

Quis sapiens... & intelliget misericordias Domini ? *Pf.* 106. 43.

Suavis Dominus universis, & miserationes ejus super omnia opera ejus. *Pf.* 144. 9.

Nolo mortem peccatoris, sed ut convertatur... & vivat. *Ezech.* 33. 11.

Si fuerint peccata vestra ut coccinum, quasi nix dealbabuntur. *If.* 1. 18.

Quomodò miseratur pater fi

Qui est sage... [*] pour comprendre les miséricordes du Seigneur ?

Le Seigneur est bon envers tous, ses miséricordes s'étendent sur toutes ses œuvres.

Je ne veux point la mort de l'impie, mais qu'il se convertisse... & qu'il vive.

Quand vos péchés seroient comme l'écarlate, ils deviendront blancs comme la neige.

De même qu'un pere

[*] Dieu annonce sa bonté aux hommes sous les termes les plus tendres, les plus énergiques.

TEXTES.

a une compassion pleine de tendresse pour ses enfans : aussi le Seigneur est touché de compassion pour ceux qui le craignent ; parce qu'il connoît lui - même la fragilité de notre origine.

liorum , misertus est Dominus omnibus timentibus se ; quoniam ipse conspicit figmentum nostrum. *Ps.*101. 13. 14.

Dieu jettera tous nos péchés au fond de la mer.

Projiciet in profundum maris omnia peccata nostra. *Michææ* 7. 19.

La miséricorde du Seigneur est grande.

Misericordia Domini magna est. *Eccli.* 5. 6.

Vous êtes un Dieu patient & plein de miséricorde.

Patiens & multæ miserationis. *Jonæ* 4. 2.

Son pere l'apperçut, & eu fut touché de compassion.

Vidit illum pater, & misericordiâ motus est. *Luc.* 15. 20.

Il y aura une grande joie dans le ciel pour un seul pécheur qui fait pénitence.

Gaudium erit in cœlo super uno peccatore pœnitentiam agente. *Luc.*15. 7.

Si je trouve dans tout Sodome cinquante justes , je pardonnerai à cause d'eux à toute la vil-

Si invenero Sodomis quinquaginta justos in medio civitatis, dimittam omni

TEXTES.

loco propter eos.. Non percutiam propter quadraginta... Non delebo propter decem. *Gen.* 18. 29. *& seqq.*

Convertimini ad me , & convertar ad vos. *Zach.* 1. 3.

Expectat Dominus ut misereatur vestri : & ideo exaltabitur parcens vobis , quia Deus judicii Dominus. *Is.* 30. 18.

Vocavi , & renuistis.... Despexistis omne consilium meum, & increpationes meas neglexistis : ego quoque in interitu vestro ridebo & subsannabo. *Prov.* 1.24. 26.

Oculi (Dei) aperti sunt super

le.... Je ne détruirai point la ville, si j'y trouve quarante justes... Je ne la perdrai point , s'il y a dix justes.

Convertissez - vous à moi, & je retournerai à vous.

Le Seigneur vous attend, afin de vous faire miséricorde : & il signalera sa gloire en vous pardonnant , parce que le Seigneur est un Dieu d'équité.

Je vous ai appellés [*], & vous n'avez point voulu m'écouter.... Vous avez méprisé tous mes conseils , & vous avez négligé mes réprimandes. Je rirai aussi à votre mort, & je vous insulterai.

Les yeux de Dieu sont

[*] La bonté de Dieu fait place à la justice : elle s'allie avec la justice qui pese exactement les œuvres.

TEXTES.

ouverts sur toutes les voies des enfans d'Adam, pour rendre à chacun selon sa conduite.

omnes vias filiorum Adam, ut reddat unicuique juxta vias suas. Jer. 32. 19.

La miséricorde & la vérité se sont rencontrées : la justice & la paix se sont donné le baiser.

Misericordia & veritas obviaverunt sibi : justitia & pax osculatæ sunt. Pf. 84. 11.

Dieu est un Juge également juste, fort & patient.

Judex justus, fortis, & patiens. Pf. 7. 12.

Je ferai miséricorde à qui il me plaira de faire miséricorde.

Miserebor cujus miserebor. Rom. 9. 15.

Ne dites pas : La miséricorde du Seigneur est grande ; il aura pitié du grand nombre de mes péchés. Car son indignation est prompte, aussi bien que sa miséricorde ; & il regarde les pécheurs dans sa colére. Ne différez point à vous convertir au Seigneur, & ne remettez point de jour en

Ne dicas : Miseratio Domini magna est, multitudinis peccatorum meorum miserebitur. Misericordia enim & ira ab illo citò proximant, & in peccatores respicit ira illius. Ne tardes converti ad Dominum, & ne differas de die in diem: subitò enim veniet ira illius,

TEXTES.

& in tempore vindictæ disperdet te. *Eccli.* 5. 6. & *seqq.*

Quis resistet in ira furoris ejus? Indignatio ejus effusa est ut ignis, & petræ dissolutæ sunt ab eo. Bonus Dominus, & confortans in die tribulationis, & sciens sperantes in se. *Nahum* 1. 6. & *seqq.*

Super tribus sceleribus, & super quatuor non convertam. *Amos* 2. 3.

An divitias bonitatis ejus, & patientiæ & longanimitatis contemnis? Ignoras quoniam benignitas Dei ad pœnitentiam te adducit? Secundùm autem duritiam

jour ; car sa colére éclatera tout d'un coup , & il vous perdra au jour de la vengeance.

Qui lui (Dieu) résistera, lorsqu'il sera dans sa fureur ? Son indignation se répand comme un feu ; & elle fait fondre les pierres. Le Seigneur est bon, il soutient les siens au jour de l'affliction, & il connoît ceux qui espérent en lui.

Après les crimes qui ont été commis trois & quatre fois, je ne changerai point l'arrêt que j'ai prononcé.

Est-ce que vous méprisez les richesses de sa bonté [*], de sa patience & de sa longue tolérance ? Ignorez-vous que la bonté de Dieu vous invite à la pénitence ? Et

______

[*] Rigueur de la justice divine, objet de terreur pour les impies.

TEXTES.

cependant par votre dureté, & par l'impénitence de votre cœur, vous vous amaſſez un tréſor de colére pour le jour de la colére & de la manifeſtation du juſte jugement de Dieu, qui rendra à chacun ſelon ſes œuvres.

tuam, & impœnitens cor, theſaurizas tibi iram in die iræ, & revelationis juſti judicii Dei, qui reddet unicuique ſecundùm opera ejus. Rom. 2. 4. & ſeqq.

C'eſt une choſe terrible que de tomber entre les mains du Dieu vivant.

Horrendum eſt incidere in manus Dei viventis. Heb. 10. 31.

Le jour du Seigneur s'approche, & le Tout-puiſſant le fera fondre ſur nous comme une tempête.

Prope eſt dies Domini, & quaſi vaſtitas à potente veniet. Joel 1. 15.

Les hommes ſécheront de frayeur dans l'attente de ce qui doit arriver dans tout l'univers.

Areſcentibus hominibus præ timore, & expectatione quæ ſupervenient univerſo orbi. Luc 21. 26.

Tous les hommes eſclaves ou libres, ſe cacherent dans les caver-

Servus & liber abſconderunt ſe in ſpeluncis, & in petris montium,

TEXTES.

rium, & dicunt montibus & petris : Cadite super nos, & abscondite nos á facie sedentis super tronum, & ab ira Agni; quoniam venit dies magnus iræ ipsorum : & quis poterit stare ? *Apoc.* 6. 15. *& seqq.*

nes & dans les rochers des montagnes; & ils dirent aux montagnes & aux rochers : Tombez sur nous, & cachez-nous de devant la face de celui qui est assis sur le trône, & de la colére de l'Agneau; parce que le grand jour de leur colére est arrivé : & qui pourra subsister en leur présence?

DIeu est la bonté, l'amour par essence. Il s'aime infiniment, c'est à-dire, il se complaît dans ses perfections suprêmes, il possède sa béatitude, il en jouit avec une majesté & une joie infinie. Il aime toutes ses créatures, & dans elles tous les rapports qu'elles ont avec lui. Il ne peut haïr que leurs écarts. Pour développer avec justesse & précision les trésors de sa bonté, présentons-en la source & les augustes caractéres.

Dieu, quoique rempli de perfections infinies dont les objets paroissent

différens, est l'être infiniment simple :
ses perfections sont toutes liées. C'est
une chaîne adorable, un ensemble,
qui sous une multitude de rayons, ne
forme qu'un soleil, un centre d'unité,
dont tout naît, & où tout rentre. Ainsi
pour analyser sa bonté, pour en saisir
tous les regards, pour ne pas la confondre avec l'idée très-imparfaite de la
bonté des hommes, il ne faut pas la
considérer dans un Dieu comme iso-
lée, mais comme analogue à toutes ses
perfections. Pas une qui n'en motive
& n'en releve les opérations. D'abord
elle est conforme à sa vérité. Ce n'est
point un amour fictif & stérile : il est
réel, sincére, efficace ; il porte avec
lui la multitude des dons. La création
seule en est déja une preuve indubita-
ble. Nous tirer du néant, nous former
à son image, nous donner l'intelligence
& les facultés, nous destiner au bonheur, nous en offrir tous les moyens,
n'est-ce pas le trait d'une bonté géné-
reuse ? Chaque jour multiplie ces dons.
Autant de bienfaits & dans l'ordre de
la nature, & dans celui de la grace ;
autant de regards de prédilection &
d'amour.

La bonté de Dieu est analogue à sa majesté, à sa grandeur : elle est gratuite, & n'a d'autre motif que lui-même. La créature ne peut jamais rien mériter de Dieu en rigueur exacte. Elle peut, en accomplissant ses ordres, atteindre sûrement les biens qui y sont attachés ; mais enfin jamais elle ne peut décider les regards & les desseins de son amour. L'estime, l'intérêt, la reconnoissance forment parmi les hommes les liens d'amitié ; & ces motifs se tirent de ceux qu'on aime. Dieu ne voit que néant dans l'ensemble des créatures ; & pour répandre ses dons, il ne consulte que notre indigence & notre misére, que son amour infini & éternel. Or plus ces dons sont gratuits, plus ils doivent bannir l'orgueil, nourrir l'humilité, animer la reconnoissance, inspirer l'amour & la fidélité.

La bonté de Dieu est analogue à sa sainteté : elle ne se répand que sur ceux qui en ont le caractére. Un cœur déréglé, un cœur opposé à cette sainteté, & qui, loin d'en porter l'empreinte, en profane les loix ; comment pourroit-il attirer les dons de celui dont les yeux sont si purs, qu'ils ne peuvent

regarder l'iniquité ? C'eſt la fidélité &
l'innocence qui donne un droit ſpécial
ſur ſon amour.

La bonté de Dieu eſt analogue à ſa
fidélité, à ſa véracité. Ce qu'il a promis, ce qu'il a décrété eſt immuable.
Dès-lors qu'il a attaché ſes bienfaits à
telles œuvres, il ſuit que, comme il
ſe doit à lui-même d'accorder ce bienfait à ceux qui ſont fidéles, les réfrac-
taires n'y ont aucun droit ; puiſqu'ils
violent la condition eſſentiellement liée
avec la promeſſe.

La bonté de Dieu eſt analogue à ſon
équité. Elle ſe développe ſur les coupables mêmes, dès qu'elle n'y voit plus
d'obſtacles dans leur cœur. Il n'a que
des ſentimens de juſtice & de haine
contre les pécheurs : ſont-ils changés,
il n'a que des ſentimens d'amour. En
cela point d'inconſtance ; c'eſt un ordre
juſte & invariable. Il ne hait dans nous
que le péché : eſt-il détruit, à la haine
ſuccéde la tendreſſe & la miſéricorde.
Il eſt vrai que dans l'égarement même, c'eſt déja ſa bonté qui ménage les
voies du retour. Mais enfin pour ne con-
ſidérer ici le pécheur que dans ſa pénitence, c'eſt alors que la bonté de

Dieu aime à se signaler sur lui : elle oublie toutes ses iniquités, & le comble de ses biens.

La bonté de Dieu est analogue à sa liberté. La mesure de ses dons prescrite par son équité, est essentielle. Il ne peut les refuser, puisqu'ils sont liés avec sa promesse infaillible. Mais d'après ces dons, (qui, quoique dûs en quelque sorte, ont cependant été très-libres dans leur principe) combien d'autres encore qu'il répand avec une souveraine liberté ? Il peut tirer des êtres du néant ou les y laisser ; les borner aux facultés de leur être, de leur destination, ou les augmenter ; leur donner simplement les moyens suffisans à leur fin, ou y ajouter. Chaque jour il signale cette liberté, & sur les pécheurs qu'il tire de l'égarement, & sur les justes qu'il soutient, qu'il enrichit, qu'il couronne.

La bonté de Dieu est analogue à sa justice. L'une & l'autre, avec des effets opposés, naissent cependant d'un même principe, & y retournent : *l'amour de l'ordre.* Sous un Dieu juste, il est dans la nature des choses que l'être fidéle & vertueux soit heureux, le bonheur étant inséparable de la vertu. Il est également dans la nature des choses que le coupable soit puni, la misére étant l'apanage du crime. Ce n'est point, ainsi que dans l'homme, vivacité, orgueil; c'est uniquement équité, amour de l'ordre, puissance. Ces sentimens se trouvent jusqu'à un certain point dans les Juges & les Tribunaux de la terre; ils sont éminemment dans le Juge suprême: & ce que la justice de Dieu a de plus effrayant, n'est qu'une suite nécessaire de ses perfections.

Pourquoi en effet chasse-t-elle les pécheurs de la béatitude? Parce qu'il est dans l'ordre éternel que la vertu seule, que la conformité seule avec Dieu peut conduire une créature à la félicité. Pourquoi la justice punit-elle les crimes? Parce que ce même ordre éternel a décrété que toute créature coupable seroit malheureuse. Nul milieu possible entre la vérité & l'erreur; nul milieu entre le malheur & la félicité. Il est donc aussi impossible qu'un pécheur soit heureux, ou qu'il ne soit pas puni, qu'il l'est que le péché soit la vertu.

Pourquoi la justice inflige-t-elle des

châtimens si terribles ? Parce qu'il est
dans l'ordre que la peine soit proportionnée au crime. Or le péché est une
action, par laquelle l'homme infiniment
petit & borné outrage un Dieu infiniment grand, s'écarte de sa loi : il faut
donc que la peine soit infinie.

Pourquoi la justice est-elle inexora-
ble, & sur la rigueur, & sur la durée
du malheur des coupables ? Parce qu'il
est d'un ordre éternel que des décrets
justes & irrévocables soient accomplis.
La compassion est dans l'homme une
vertu : il doit gémir de voir son semblable dans la souffrance, & le soula-
ger s'il le peut. La compassion dans Dieu
seroit foiblesse. La misére des pécheurs
n'est venue que d'eux-mêmes : ils ont
choisi leur malheur, l'arrêt en est prononcé. Il ne peut non plus être révo-
qué, que l'ordre invariable sur lequel leur
sort a été fixé, peut être changé.

La justice est donc essentielle à Dieu ;
mais dans lui elle n'est que perfection.
Ce qu'elle présente de terrible, ne naît
que de nous, puisqu'elle n'agit que
d'après nos crimes. En effet la justice
établit un rapport éternel entre le sort
& les œuvres des créatures. Si notre

fort eſt funeſte , c'eſt que les œuvres ſont déréglées. Il ne faut donc pas accuſer Dieu , parce qu'il eſt juſte ; mais ſimplement l'homme , parce qu'il eſt coupable. En ſe détournant de l'ordre, il ſe précipite lui-même dans la miſére. C'eſt ainſi que de l'équité, perfection ſuprême de Dieu, coulent également & les dons ſur la vertu, & les fléaux ſur le crime.

Voilà ce que la ſaine raiſon nous apprend ſur la bonté & la juſtice de Dieu réunies dans l'amour de l'ordre. En vain pour protéger les paſſions, voudroit-on répandre des nuages ſur ces deux attributs : le ſophiſme naît d'un faux principe , du parallele exact de la bonté de Dieu & de la bonté de l'homme.

Pour montrer l'erreur de ce parallele , rapprochons les caractéres de cette bonté (prétendue) divine , imaginée par les Philoſophes , & les caractéres eſſentiels que nous venons d'extraire de la raiſon.

La bonté en général c'eſt la bienfaiſance , l'amitié , le deſir de répandre des dons , de faire des heureux. Mais quelle différence infinie entre ce même amour enviſagé dans Dieu & dans

l'homme ? (parallele, quoique fort imparfait.) Un Juge en qualité d'homme
voudroit sauver un criminel, il frémit
de son supplice. Est-il sur le tribunal,
il le condamne à la torture & à la
mort. Il conserve ses sentimens de bonté, & néanmoins il suit ceux de la justice la plus sévére. Or si dans le même
homme envisagé sous deux faces la
bonté est si différente d'elle - même,
qu'est-ce donc que la bonté de Dieu?
Equité, puissance suprême, modérateur
& juge de tous les êtres.

Cette seule pensée anéantit le système
de la bonté philosophique. Fausse bonté
que l'on voudroit supposer dans Dieu,
pour rassurer l'homme contre les plus
justes craintes. Bonté aveugle, injuste, pro-
tectrice des passions; bonté qui n'a rien de
cette grandeur, de cette équité qui
caractérise l'amour du premier Etre.
Pour montrer l'illusion & le danger de
cette bonté imaginaire, il suffit de la
présenter en contraste avec la bonté
réelle que la raison découvre dans
l'Etre suprême.

La bonté, suivant les Philosophes,
doit s'étendre sur tous sans exception,
puisque tous participent à l'être, &

F v

afpirent à la félicité. La bonté divine ne peut, par la nature même des cho-fes, répandre fes dons fur les rebelles. Ils s'en font eux-mêmes exclus. Que les hommes puiffent & doivent par gé-nérofité obliger des ingrats, des cou-pables ; l'ordre fuprême ne doit pas le faire : il iroit contre fes régles adora-bles.

La bonté, fuivant les Philofophes, doit être abfolue ; donner ce qu'elle a, ce qu'elle peut, fans rien exiger : le don feroit moins noble, fi on l'achetoit. La bonté divine appofe une condition effentielle à fes graces, la vertu ; non pas qu'on puiffe par-là mériter rigou-reufement fes faveurs, mais parce que le bonheur ne peut être féparé de la juftice.

La bonté, fuivant les Philofophes, doit être défintéreffée, n'avoir en vuë que le bien de ceux qu'elle oblige : c'eft ce qui caractérife un cœur généreux. Or ce qui fait la gloire de l'homme bienfaifant, dégraderoit la bonté du premier Etre. Il ne peut agir que pour fa gloire, en répandant fes bienfaits avec profufion fur la mifére & l'indigence : il ne veut que faire des heureux, &

n'attend pour lui aucun avantage. Mais s'il est dans l'ordre des choses q e la puissance & la grandeur enrichisse le néant, il est aussi dans l'ordre des choses que le néant rapporte à Dieu la gloire de ses dons.

La bonté, suivant les Philosophes, doit rendre tous les êtres heureux, amener un bonheur constant, universel ; le préparer aux indignes mêmes, tout au plus y disposer par quelques épreuves ; en sorte que le don seul de l'Etre emportât nécessairement celui de la félicité future. La bonté divine a des voies plus sages, plus sublimes, plus élevées au dessus d'une fausse nature. Pour assurer que tous les hommes doivent être heureux, il faut les supposer impeccables. La misére étant le fruit nécessaire du crime, s'il peut exister des êtres coupables, donc des êtres malheureux. Or l'impeccabilité est une chimére : l'iniquité regne sur la terre : elle ravage, elle dégrade les cœurs. Il est donc dans l'ordre qu'il y ait (d'après ces iniquités) des êtres malheureux. Cette hypo'hèse ne déroge en rien à l'idée d'une bonté infinie ; parce que ce noble caractére se tire du motif infiniment libre, infiniment parfait, & non pas précisément de l'opération extérieure. La puissance qui crée un ciron, est infinie, aussi-bien que celle qui formeroit mille univers. Ainsi la bonté divine est toujours infinie, quoique les biens qu'elle répand ne soient pas infinis en eux-mêmes. C'est le motif du don qui caractérise son *infinité.*

La bonté, suivant les Philosophes, n'est pas susceptible de vengeance. Son bonheur & sa gloire est de tout oublier, de tout pardonner. La bonté divine, étant essentiellement juste, est astreinte aux régles de l'ordre & de la proportion des œuvres. Ce qui dans l'homme seroit vengeance, est dans Dieu devoir, équité, autorité. Par l'excellence de sa nature, non-seulement il voit tout, il pese tout ; mais il juge, il punit tout. Rien ne peut prévenir ses arrêts que le changement du cœur.

La bonté humaine se laisse fléchir. L'homme eut-il même été ulcéré, eut-il exercé une vengeance cruelle, ne pourroit long-temps en soutenir les regards : la compassion l'entraîneroit. La bonté divine est incapable de ce sentiment. Comme Dieu ne punit jamais qu'avec équité & modération , jamais il ne pardonne avec foibleſſe. C’eſt l’*ordre* ſeul qui préſide & aux châtimens & au pardon. Le pécheur eſt il pénitent ? Il l’aime. L’iniquité dura-t-elle éternellement ? Elle ſera éternellement punie.

Telle eſt donc la ſource des fauſſes idées qu’on a de la bonté & de la juſtice de Dieu : on voudroit les meſurer ſur celles de l’homme , & attribuer au Très-haut les ſentimens que dans nous on regarderoit comme vertus. Non : quoique le principe des vertus ſoit le même , *l’ordre par eſſence* , l’application en eſt d’une différence énorme. L’homme eſt foible , indigent , ſans lumiére , ſans autorité. Il n’a relativement au prochain que des devoirs d’égalité , que des ſentimens de compaſſion. Dieu , la ſainteté , la grandeur , la puiſſance , a ſur tous une autorité éternelle. Sa bonté eſt d’une perfection ſuprême. C’eſt une bonté éclairée , ſage , équitable , pure , jalouſe : une bonté , qui naiſſant de l’ordre , laiſſe ſubſiſter une juſtice exacte : une bonté qui , quoique infinie dans ſa nature & dans ſes motifs , a des bornes dans l’homme ; parce qu’il peut par ſon déréglement mettre obstacle à ses dons. Concluons : rien de plus faux & de plus dangereux tout à la fois , que la prétendue bonté divine imaginée par les Philosophes. Elle contredit la sainteté du premier Etre : elle pervertit, elle renverse son équité, elle dégrade son autorité, elle anéantit sa justice, & par-là elle fomente toutes les passions, en ôtant le frein redoutable de son tribunal éternel. Rien au contraire n'est plus digne de Dieu, rien n'est plus salutaire à l'homme que la bonté suprême, telle que la Religion nous l'annonce. D'un côté elle est analogue à toutes les perfections : de l'autre elle nous offre un puissant motif de crainte pure & religieuse, d'une fidélité inaltérable , d'une confiance solide , & d'une paix tranquille.

Il reste cependant un mystére. Dieu par les loix de l'ordre ne peut aimer, récompenser que la vertu : mais sans sortir de ces loix, ne pourroit-il pas étendre sur tous les pécheurs les trésors qu'il confére à certains pénitens ? En changeant leur cœur, il les rendroit l'objet de sa bonté. D'où vient ce secret discernement ? La raison se tait, & dit : *O profondeur !* Ce mystére rentre dans celui du mal moral. La liberté de Dieu, la liberté de l'homme, la suffisance des moyens, la résistance des cœurs, d'auttes motifs que nous ne sonderons jamais ici-bas, éclairciront ce mystére dans l'éternité. En attendant, la raison reconnoît l'équité des voies de Dieu même les plus incompréhensibles ; & malgré les arrêts de sa justice, rend hommage à la bonté infinie qui caractérise le Dieu qu'elle adore.

CHAPITRE II.

Spiritualité de l'ame.

TEXTES.

FAisons l'homme à notre image [*] & à notre ressemblance.

Le Seigneur forma donc l'homme du limon de la terre ; il répandit sur son visage un souffle de vie : & l'homme devint vivant & animé.

Dieu a créé l'homme de la terre, & l'a formé à son image... Il lui a créé de sa substance une aide semblable à lui... Il leur a donné un esprit pour penser, & il les

FAciamus hominem ad imaginem & similitudinem nostram. *Gen.* 1. 26.

Formavit igitur Dominus Deus hominem de limo terræ, & inspiravit in faciem ejus spiraculum vitæ : & factus est homo in animam viventem. *Gen.* 2. 7.

Deus creavit de terra hominem, & secundùm imaginem suam fecit illum. Creavit ex ipso adjutorium simile sibi... Cor dedit illis excogitandi, & disciplinâ in-

[*] L'ame, image de Dieu.

TEXTES.

tellectûs replevit illos : creavit illis scientiam spiritûs, sensu implevit corda illorum, & mala & bona ostendit illis. *Eccli.* 17. 1.

a remplis de la lumiére de l'intelligence : il a rempli leur cœur de sens, & leur a fait voir les biens & les maux.

Corpus quod corrumpitur, aggravat animam ; & terrena inhabitatio deprimit sensum multa cogitantem. *Sap.* 9. 15.

Le corps qui se corrompt, appésantit l'ame ; & cette demeure terrestre abbat l'esprit dans la multiplicité des soins qui l'agitent.

Antequàm.... revertatur pulvis in terram suam unde erat, & spiritus redeat ad illum qui fecit illum. *Eccli.* 12. 7.

Avant.... que la poussiére rentre en la terre, d'où elle avoit été tirée, & que l'esprit retourne à Dieu qui l'avoit donné.

Neque enim ego spiritum & animam donavi vobis & vitam, & singulorum membra non ipsa compegi. Sed enim mundi creator qui formavit hominis nativi-

Ce n'est pas moi qui vous ai donné l'ame, l'esprit & la vie, ni qui ai joint tous vos membres pour en faire un corps. Mais le Créateur du monde qui a formé l'hom-

[*] Différence essenielle entre le corps & l'ame.

TEXTES.

me dans sa naissance, & qui a donné l'origine à toutes choses, vous rendra encore l'esprit & la vie par sa miséricorde, en récompense de ce que vous vous méprisez maintenant vous-mêmes.

tatem , quique omnium invenit originem , & spiritum vobis iterum cum misericordia reddet & vitam, sicuti nunc vosmetipsos despicitis propter leges ejus. 2. *Mach.* 7. 22.

Toute mon ame est encore en moi.

Adhuc tota anima mea in me est. 2. *Reg.* 1. 9.

Ne craignez point ceux qui tuent le corps, & qui ne peuvent tuer l'ame ; mais craignez plutôt celui qui peut perdre & l'ame & le corps dans l'enfer.

Nolite timere eos qui occidunt corpus , animam autem non possunt occidere ; sed potiùs timete eum , qui potest & corpus & animam perdere in gehennam. *Matth.* 10. 28.

L'esprit est prompt, mais la chair est foible.

Spiritus quidem promptus est , caro autem infirma. *Matth.* 26. 41.

Touchez & considérez qu'un esprit n'a ni chair ni os, comme vous voyez que j'en ai.

Palpate & videte , quia spiritus carnem & ossa non habet , sicut me videtis habere. *Luc.* 24. 39.

Le Seigneur vous parla du milieu de cette

Locutus est Dominus ad vos de medio ignis : vo-

TEXTES.

cem verborum vos audistis , & formam penitùs non vidistis. Custodite sollicitè animas vestras. Non vidistis aliquam similitudinem in die quâ locutus est vobis Dominus. *Deut.* 4. 12.

flamme : [a] vous entendîtes la voix qui proféroit ses paroles ; mais vous ne vîtes en lui aucune forme.... Appliquez-vous donc avec grand soin à la garde de votre ame. Souvenez-vous que vous n'avez vu aucune figure ni ressemblance au jour que le Seigneur vous parla.

Spiritus est Deus. *Joan.* 4. 24.

Dieu est un pur esprit.

Caro concupiscit adversùs spiritum , spiritus autem adversùs carnem : hæc enim sibi invicem adversantur. *Galat.* 5. 17.

La chair a des desirs contraires à ceux de l'esprit, [b] & l'esprit en a de contraires à ceux de la chair : & ils sont opposés l'un à l'autre.

Licèt is qui foris est noster homo corrumpatur, tamen is qui intùs est renovatur

Encore que dans nous l'homme extérieur se détruise, néanmoins l'homme intérieur se renou-

[a] Dieu est invisible & spirituel : l'ame, son image a le même caractére.

[b] Opposition entre le corps & l'ame.

TEXTES.

velle de jour en jour.

Que tout ce qui est en vous, l'esprit, l'ame & le corps se conservent sans tache pour l'avénement de notre Seigneur Jesus-Christ.

Le corps est mort, lorsqu'il est sans ame.

La vie de toute chair est dans le sang. [*]

Que la terre produise des animaux vivans chacun selon son espéce, les animaux domestiques, les reptiles, & les bêtes de la terre, selon leurs différentes espéces.

Que tous les animaux de la terre... soient frappés de terreur, & tremblent devant vous... Nour-

de die in diem. *2. Cor.* 4. 16.

Integer spiritus vester, & anima, & corpus sine querela in adventu Domini nostri Jesu Christi servetur. *Thess.* 5. 23.

Corpus sine spiritu mortuum est. *Jac.* 2. 26.

Anima omnis carnis in sanguine est. *Lev.* 17. 14.

Producat terra animam viventem in genere suo, jumenta & reptilia, & bestias terræ, secundùm species suas. *Gen.* 1. 21.

Terror vester ac tremor sit super cuncta animantia terræ... Omne quod movetur & vivit,

[*] Domaine souverain de l'homme sur les animaux : preuve que leur ame n'est pas spirituelle, puisque Dieu punit le meurtre des hommes comme cruel & injuste.

TEXTES,

erit vobis in cibum.. Quasi olera virentia tradidi vobis omnia. *Gen.* 9. 2.

Hoc solum cave ne sanguinem comedas : sanguis enim eorum pro anima est. *Deut.* 12. 33.

De manu hominis, de manu viri & fratris ejus, requiram animam hominis. Quicumque effuderit humanum sanguinem, fundetur sanguis illius : ad imaginem quippe Dei factus est homo. *Gen.* 9. 5.

rissez-vous de tout ce qui a vie & mouvement. Je vous ai abandonné toutes ces choses, comme les légumes & les herbes de la campagne.

Gardez-vous seulement de manger du sang de ces bêtes ; car leur sang leur tient lieu d'ame.

Je vengerai la vie de l'homme, de la main de l'homme, & de la main de son frere qui l'aura tué. Quiconque aura répandu le sang de l'homme, sera puni par l'effusion de son propre sang : car l'homme a été créé à l'image de Dieu.

SECTION PREMIÉRE.

Spiritualité de l'ame.

ON ne peut differter fur la Religion, en chercher les preuves, en approfondir les racines, fans connoître l'homme. (*) Trois queftions intéreffantes qui le renferment tout entier, fa fpiritualité, fon immortalité, fa liberté.

L'ame eft fpirituelle, & n'a aucunes parties matérielles. C'eft une fubftance très-réelle qui a fa nature, fon exiftence, fes facultés, fes opérations. Il eft étonnant que des Philofophes, pleins d'ailleurs de fagacité & de génie, ayent affecté une ignorance (prétendue) modefte fur la nature de l'ame. Incertitude imaginaire qui cache un piége fecret. Nous avançons hardiment que

[*] Nous ne parlons ici ni de l'homme phyfique, ni même de l'homme moral, c'eft à-dire, de fes devoirs ; mais fimplement de *l'homme métaphyfique*, c'eft-à-dire, de fa nature intime.

nous connoiſſons l'ame : ſans doute ſa
nature a , comme tous les autres êtres
créés, des profondeurs. Mais enfin nous
ſçavons qu'elle exiſte , qu'elle penſe,
qu'elle agit ; que, quoique unie au corps,
elle n'a rien de commun avec le corps.
Parce qu'elle ne tombe pas ſous les
ſens ; parce qu'on ne peut ni la voir,
ni la goûter, ni la diviſer, ſuit-il qu'on
ne puiſſe en aſſurer l'exiſtence, en dé-
finir la nature , en montrer les propriétés ? Les objets intellectuels ſont-ils
moins certains que les objets ſenſibles ?
Prouvons la ſpiritualité de l'ame par
l'idée de Dieu, & par ſes propres opérations.

Si l'ame paroît d'abord impénétrable en elle-même , il faut l'enviſager
dans Dieu qui en eſt le prototype & le
modéle. Elle ſort de ſon ſein, elle doit
donc lui être analogue. Dieu eſt ſpirituel : il implique qu'il ait des parties
corporelles , ou bien on retomberoit
dans le ſyſtême de la monſtrueuſe divinité de Spinoſa. Il eſt l'éternité , la
vérité, la ſainteté, la puiſſance, la ſageſſe , la bonté, l'immenſité. Non-ſeulement l'Etre qui les réunit ces perfection, eſt très-réel ; mais tout eſt néant

devant lui : tout ce qui exifte , n'eft qu'un être contingent , un être *d'emprunt*. La fpiritualité eft donc dans Dieu une réalité pleine d'efficace & de grandeur.

Or de la fpiritualité de Dieu fe tire évidemment la fpiritualité de l'ame. Puifqu'il exifte une Intelligence infinie, très-réelle , & fans aucune partie corporelle, il peut exifter une intelligence finie , analogue à celle-là. Admettre l'exiftence de la premiére , & nier la poffibilité de la feconde , c'eft fe contredire. Si un Etre fuprême , fource de toute vérité , de toute félicité , exifte hors du rapport des fens , & ne peut être connu , fixé que par le regard de l'intelligence , pourquoi un être également immatériel , un Etre fufceptible de vérité & de félicité n'exifteroit-il pas ? Il eft auffi réel, auffi palpable à à l'efprit, qu'un corps étendu, divifible, l'eft aux fens. Ainfi tranche-t-on le doute prétendu des Philofophes. Quelle eft la nature de l'ame, demandent-ils ? Quelle eft, leur dira-t-on , la nature de Dieu ? Ou vous direz qu'elle eft corporelle ; & alors c'eft Athéifme : ou vous avouerez qu'elle eft fpirituelle ; & alors vous répondez à votre queftion.

M. i;

Mais envisageons l'ame dans elle-même. D'abord c'est un *moi*, toujours intime, toujours le même, malgré les révolutions d'un corps qui change & périt. Le souvenir nous peint le *moi* à dix ans, & à quatre-vingt, précisément le même *individu*. Tout a changé, penchans, sentimens, plaisir, figure, force du corps ; & malgré cette succession fugitive, le fond de l'ame, le *moi* est incorruptible. C'est un germe pensant à l'abri de tout ce qui l'environne, de tout ce qui le modifie. Ses idées, ses jugemens, ses volontés, tout dépose pour sa spiritualité.

L'ame a des idées spirituelles : l'idée est un *regard pensant*, (si on peut ainsi s'exprimer,) qui forme, qui saisit un objet intellectuel ; rien n'y est matériel. L'œil en gravant dans un espace presque imperceptible, l'image sensible de l'immense univers, présente une merveille étonnante ; mais enfin il est de l'analogie entre la retine de l'œil & toute image corporelle. Ici rien de semblable. L'ame formant ses idées n'a aucun moyen matériel. Elle réunit, non-seulement l'univers, en parcourant dans un point toute l'étenduë, non-seule-

ment le passé, l'avenir en réunissant les siécles, mais elle perce dans la région des
vérités intellectuelles.

Ici se présente une discussion, jadis
purement physique, (l'on n'avoit pas
encore la manie déplorable de tout
diriger contre la Religion,) mais maintenant étroitement liée avec elle, *les
idées innées.* Si l'ancienne candeur re-
gnoit, il seroit très-permis de laisser
tranquillement agiter dans les Ecoles
cette thèse pour exercer la jeunesse.
Qu'importent à la vérité morale les
idées sensibles ou innées ? Doit-elle
s'intéresser au systême Péripatéticien ou
Cartésien ? Non sans doute. Mais plusieurs Philosophes n'ayant attaqué les
idées innées que pour renverser les idées
éternelles, que pour rapporter tout à
la matiére, il est essentiel d'écarter ces
écueils, & de prouver par les idées
innées la spiritualité de l'ame.

L'homme est corps & ame. Cette
double nature d'une différence immuable étant unie forme un composé qui
renferme trois genres d'opérations : celles qui naissent du corps seul, & purement corporelles : celles qui naissent
de l'ame seule, & purement spirituelles :

celles qui naissent de l'union de ces deux natures, & elles sont mixtes. Car enfin des natures essentiellement différentes étant unies conservent dans l'union même la plus intime leurs propriétés essentielles : le corps, le mouvement, l'étenduë : l'ame, son intelligence, & les actes qui en naissent immédiatement. Or ces actes n'ont point de rapport aux organes. Pour le prouver, employons le parallele de l'Ange. Quoiqu'il ait une méthode de concevoir bien supérieure, & une connoissance plus étenduë, il est analogue à l'ame ; comme elle, il est intelligence & amour. Il faut donc nécessairement admettre dans l'un & dans l'autre des opérations analogues. L'Ange n'existeroit pas, s'il n'avoit la pensée : l'ame seroit un pur néant, si d'un côté n'étant point matiére & n'ayant aucune propriété matérielle, de l'autre elle n'en avoit aucune spirituelle. Elle peut être, il est vrai, modifiée par les objets sensibles ; mais outre cette modification, il est des idées qu'elle forme seule, sans le secours des sens. Ce n'est point ici un cercle vicieux : rien de si exact que de prouver par la différence intrinséque de l'ame, qu'indépendamment du corps, elle a ses idées essentielles ; & d'un autre côté, d'établir par la nature même de ces idées, qu'elles viennent nécessairement d'un principe spirituel.

Cette double vérité tire ses preuves des mêmes sources. Pour cela envisageons l'homme sortant des mains du Créateur, privé du ministére de tous ses sens, ou du moins abstraction faite de ses sens. Il est constant que comme l'ame peut exister sans corps, ainsi que l'Ange, elle peut exister dans la suspension des opérations qui naissent de son union avec le corps. Or dans cet état la première idée qui se présente, c'est ce sentiment intime, nécessaire : *Je pense, je suis.* Ce sentiment d'existence n'est lié avec aucun des sens. Tous le confirment, parce que tous, en modifiant l'ame, donnent de nouvelles preuves d'existence : mais enfin sans voir, sans toucher, sans entendre, un être intelligent sçait qu'il existe ; & ce sentiment est plus intime encore, que tous les autres qui ne sont que des modifications de son existence. Ainsi donc cette seule idée, *Je suis*, est tellement spirituelle, qu'elle n'a aucun be-

ſoin des ſens, & qu'elle en précede toutes les opérations.

Suivons-en les conſéquences. *Je ſuis.*
Il y a peu d'inſtans, je n'exiſtois pas;
*donc j'ai reçu mon être, donc j'ai un
auteur.* Il ne faut aſſurément aucun objet, aucun moyen étranger à notre eſſence pour tirer ce raiſonnement. Il eſt
dans la nature des choſes, ſans fixer
le point précis de perfection, que cette
ame iſolée des ſens attacheroit à la
notion de ſon auteur : il eſt certain que
la ſeule idée de ſon exiſtence naiſſante
ſeroit eſſentiellement liée avec celle de
ſon principe ; celle de ſon principe avec
l'idée de ſa loi. Car enfin il implique
qu'un être intelligent ignore qu'obéir
à ſon auteur ne ſoit *un bien*, que ſe
révolter ne ſoit *un mal.* Voilà le germe
radical de la loi : tout détail ultérieur
de morale n'en eſt que le dévelope-
ment. Avançons. L'eſprit étant eſſentiellement intelligence, réfléchit, combine, nie, affirme. Dès-lors il a néceſſairement l'idée que le *oui* n'eſt
pas le *non*, qu'ils ſont diamétralement
oppoſés ; qu'il ne peut pas exiſter, &
tout à la fois, ne pas exiſter. Telle eſt
la premiére vérité métaphyſique. Sans

affigner l'étenduë des conféquences *in-*
nées qui en dérivent, toujours eft-il
conftant que le principe eft *inné*; car
fi l'efprit ne l'avoit pas, il feroit tout
à la fois penfant & non penfant. Le
premier acte de l'intelligence (après
fon exiftence intime,) étant la diftinc-
tion du oui & du non.

Le cœur eft fait pour être heureux; il a donc l'idée de *béatitude*. Il
eft auffi impoffible qu'il ne defire pas
fon bonheur, qu'il ne craigne pas fon
malheur, qu'il eft impoffible qu'il exifte, & qu'il n'exifte pas. *Etre*, *penfer*,
par là même c'eft fur le champ connoître, embraffer, *dévorer* la félicité.
Cette tendance eft auffi prompte, auffi
rapide, auffi inévitable, que celle d'une
pierre à fon centre.

Ces idées font inféparables de la nature de l'ame. Comme le corps a des
propriétés intimes à fon effence, l'ame
a des facultés. Deftinée à la vérité,
à la vertu, au bonheur, il faut qu'on
apperçoive dans fon être ce germe de
lumiére, de regle, de félicité; & telles font ces idées primitives, fources
d'une infinité d'autres.

Car enfin pour les nier, il faudroit

fuppofer que Dieu ne peut pas créer
des fubftances intelligentes fans les unir
à des corps, & que la feule union avec
le corps les dépouille de leurs facultés
effentielles. Rien n'eft plus faux, plus
abfurde. Il eft palpable que fi les idées
intellectuelles font effentielles à l'intelligence, nulle hypothèfe ne peut les
lui enlever ; elle les a, par-là même
qu'elle exifte.

Il eft vrai que l'union avec le corps
fert à les déveloper, à les étendre.
Ainfi le fpectacle de l'univers fous mille
merveilles conduit à connoître la grandeur & la puiffance du premier Etre.
Ainfi une infinité d'idées fenfibles per-
fectionnent les lumiéres de l'efprit, les
fentimens du cœur : aucune, qui fous
des traits de fageffe n'exécute le plan
du Créateur dans l'union du corps &
de l'ame. Mais enfin fi les fens font les
moyens des idées, ils n'en font pas le
principe. Elles viennent du germe &
de la trempe intime de l'ame. L'étenduë que les fens donnent aux idées,
loin de détruire leur *innafcibilité*, nous
montre dans le cours même de nos
connoiffances fenfibles beaucoup de
vérités, où les fens n'ont point de part,

G iv

& que l'intelligence feule fait éclore.

En effet les fens offrent la différence
du cercle & du triangle. Apprennent-
ils la profondeur infinie des proportions
& des figures géométriques ? Ils tra-
cent quelques nombres : livrent-ils le
le calcul des infinis , & les racines
de l'algebre ? Ils montrent l'univers :
en expofent-ils la profondeur & les
merveilles ? Non : fous l'action même
des fens on découvre le fanctuaire de
l'ame & fes opérations intimes. Elle
feule approfondit les figures, les nombres , les vérités , les êtres ; & préfente dans fa nature & fon activité la
racine immenfe des idées.

Il feroit bien étonnant que l'homme
puifant dans les fenfations une mul-
titudes d'idées analogues aux corps oc-
cafionnée par les corps, n'en puifât
aucune dans le tréfor des idées éternelles. Car enfin, comme il eft fûr que
les idées viennent de Dieu , principe
néceffaire & infini de tout ce qui eft
fpirituel : s'il en communique par les
organes corporels, ne peut-il pas en
communiquer par une image plus vive
encore ? Les idées éternelles de la Métaphyfique & de la Morale , fans tom-

ber fous les fens, ne font-elles pas certaines & immuables ? Rayons émanés de l'intelligence infinie, l'efprit les faifit avec plus de force & de clarté que les opérations fenfibles toujours un peu obfcures. Il perce dans la profondeur de ces vérités, & il y trouve fon objet, fon aliment, fa fin.

En vain diroit-on qu'en tirant des fens toutes les idées néceffaires & utiles à l'homme, il en a le même avantage, & qu'ainfi la thèfe des idées innées n'eft qu'une difpute de mots.

1°. Les fens n'étant qu'une conformation purement matérielle, peuvent bien par une loi ineffable du Créateur occafionner des idées fpirituelles, en être l'organe & le véhicule : ils ne peuvent en être le principe direct & phyfique. S'ils l'étoient, de deux chofes l'une : ou les idées feroient purement corporelles, puifqu'elles viendroient d'un principe corporel : ou bien ce qui eft corps pourroit produire du fpirituel ; deux abfurdités palpables. C'eft donc l'ame feule qui renferme le germe, le principe actif des idées : fi les fens en occafionnent un très-grand nombre, toujours faut-il que ce principe actif fe montre , se dévelope , qu'il joigne sa spiritualité à ce que les idées ont de corporel ; & qu'outre ces idées acquises , il en produise d'autres qui viennent de son propre fond.

2°. La méthode d'extraire du ministére des sens toute idée morale, toute leçon d'ordre , seroit funeste à l'homme. D'abord ces réfléxions seroient trop tardives. Les enfans environnés, assiégés par mille objets sensibles , n'étant jamais rappellés par des idées intérieures , oublieroient profondément la loi , la transgresseroient sans lumiére & sans remors. Songeroient – ils à réfléchir pour réprimer leurs passions vives & naissantes , pour préférer à leur goût des devoirs pénibles ? La vieillesse , la mort viendroient avant les réfléxions.

Elles seroient très-difficiles. La plûpart des hommes bornés à des travaux assidus ont à peine le temps & les moyens de s'élever à la connoissance des plus simples vérités. Les sciences même naturelles , quoique si proportionnées à nos besoins & à nos facultés , sont au dessus de leurs forces : comment donc aidés de leurs sens seuls parviendroient - ils à se former une juste idée de leurs devoirs ? Pour des yeux distraits le spectacle de l'univers est muet & stérile : y trouveroient-ils l'Etre suprême, sa loi, leur propre cœur ?

Ces réfléxions prétendues ne seroient presque toujours que des moyens d'erreurs. Car enfin qu'offrent les sens ? Des objets, des plaisirs, des préjugés, des passions, des exemples, tout ce qui peut insinuer le goût & l'attrait d'un bonheur sensuel. Quelle voie d'illusion & de mensonge ? Dans ces pays ténébreux où l'erreur & la superstition régnent, où l'on se plonge sans remors dans les plus affreux excès, où le nom même de la vertu & de la loi est ignoré ; que fera un enfant élevé parmi ces horreurs ? Pourra-t-il réfléchir, se former lui-même sa raison ? Son cœur n'a aucune idée morale : ses sens ne lui peignent que des leçons de crimes : sa nature l'y porte : point de lumiére intérieure, point de remors pour l'arrêter. Quelle nuit ténébreuse ! Quelle carriére horrible ! Ses jours ne seront qu'un tissu d'excès : mais de quoi sera-t-il coupable, si jamais il n'a pu connoître la loi ? Oui : ôter aux hommes ces connoissances intimes du bien & du mal, ces attraits, ces remors secrets ; ne leur laisser qu'une foible raison, toute dépendante des sens, c'est justifier, encourager tous les désordres.

De-là concluons que Dieu, bonté & sagesse par essence, a mieux pourvu aux besoins & aux miseres de l'homme ; qu'il lui a imprimé en traits ineffaçables l'image de ses devoirs, pour l'y rappeller sans cesse, & par l'attrait de la vertu, & par le remors du vice ; qu'indépendamment des leçons extérieures, il suffit de rentrer dans nos cœurs, pour y découvrir la connoissance & la loi de notre auteur. Ces idées innées, loin de supprimer les réflexions de la raison, les éclairent, les dirigent. A l'appui de ces lumiéres intimes & primitives, l'esprit apperçoit, combine les objets sensibles, les leçons, les exemples. Le cœur modére & épure ses penchans, rectifie son choix : ainsi évite-t il les préjugés, combat-il les passions, se restreint-il au sentiment de l'ordre, dont il conserve le précieux germe : ainsi efface-t-il l'impression fu-

nefte des fens pour y fubftituer le langage & l'attrait du devoir. Voilà l'objet & le fruit des idées innées : c'eft
de donner aux moyens extérieurs &
fenfibles , de la réalité, de la jufteffe
& de la force.

Mais ces idées, fi elles étoient divines, fi elles étoient imprimées dans notre être, en feroient-elles inféparables ?
Or combien d'hommes , combien de
peuples peut-être où on n'en découvre
point de veftiges ? C'eft un fait prétendu , témérairement avancé. Qui
peut pénétrer le fond des cœurs, pour
en difcerner les voies intimes , fixer
la mefure des lumiéres, & des traits
d'innocence que Dieu fçait y verfer,
ou la vivacité des remors qui vengent
la loi? Nier ces traits, ces remors,
c'eft parler fans preuves : en affurer
l'exiftence, c'eft juger d'après les principes de la fageffe de Dieu, d'après la
vraie notion de l'homme.

Au refte, que ces idées primitives
foient altérées, obfcurcies, rien d'étonnant : les priviléges effentiels à l'homme
font invariables. Dieu, en l'appellant
à une fin, lui en donne les moyens : -
& parmi ces moyens un des plus au-

guftes eft une confcience éclairée fur
le bien & le mal. Le fanctuaire de
notre être nous offre cette double
image revêtue de force, & mar-
quée de l'empreinte de la divinité.
Mais enfin l'homme eft libre : & par
un trifte abus de fa liberté, il peut
pervertir ces idées morales, leur préférer les biens fenfuels, & étouffer en
quelque forte une voix qui le rebute
& le condamne. Il ne fuit point de-
là que les idées n'exiftent pas ; mais
feulement que malgré fes pures & vives lumiéres, malgré le langage fecret
de la vertu, le cœur s'eft livré à fes
ténébres & à fes paffions. Ce déréglement eft l'ouvrage de l'homme, &
non le défaut du Créateur : il ne l'a
point formé fans l'éclairer, fans lui
offrir le bien : mais coupable qu'il eft,
il a abufé des moyens féconds & intimes qu'il avoit dans le fond de fon
être. Quoique effacés, ce femble, ils
exiftent encore. Tels des linéamens
prefque anéantis des traits d'un tableau,
prefque tous obfcurcis, revivent cependant & montrent leur ancien éclat :
tels les traits divins de notre ame
confervent, au milieu même des hor-

teurs, leurs veſtiges ſecrets : les remors les atteſtent ces veſtiges ſecrets ;
& en ſe faiſant jour dans les cœurs
les plus endurcis, montrent par intervalle, mais avec vivacité, avec évidence, les menaces d'une loi ſecrette
& vengereſſe.

A la preuve tirée des idées innées
joignons celle qui naît de l'intelligence
& du raiſonnement, faculté eſſentielle
de l'ame. Connoître, ſaiſir, rapprocher, combiner les idées même, les
juger vraies ou fauſſes, poſer des principes, en tirer les conſéquences, approfondir les ſciences les plus abſtraites ; voilà les opérations de l'eſprit. Or
1°. tout y eſt ſpirituel : joindre ou déſu-
nir des idées, tirer des conſéquences
d'une vérité, eſt une opération auſſi
détachée des ſens que la vérité même.
Les opérations étant néceſſairement analogues à leurs facultés, il ſuit que l'ame
eſt purement ſpirituelle.

2°. Il implique de les attribuer à
un principe corporel. Les natures des
choſes ſont immuables. (*) Dieu peut

____

(*) La gradation qui par des nuances in-
ſenſibles unit & rapproche les êtres, pour
faire de ce *tout* un enſemble ; qui des der-

créer ou anéantir les êtres ; il ne peut pas faire qu'un être soit tel , & tout à la fois ne soit pas tel. Ainsi un corps ne peut pas être tout à la fois simple, végétal & animal, ou bien végétal & élémentaire : l'un détruit l'autre. Qui dit animal, dit un être qui a telles propriétés; il ne les auroit plus, s'il n'étoit que végétal : qui dit végétal, dit un germe développé, des fibres des racines ; il ne les auroit pas s'il étoit air ou feu. Or s'il est impossible de confondre des natures corporelles , à plus forte raison l'est-il de confondre des natures aussi disparates que le sont la pensée & le corps.

niéres limites du regne minéral veut parvenir aux premiéres du regne végétal, & de celui-ci, par la proportion, au regne animal; cette gradation est un *songe philosophique.* Les natures sont séparées par des barriéres impénétrables. Du plus parfait minéral au moindre végétal, autant de différence qu'entre un rocher & une fleur : du plus parfait végétal au plus stupide animal, autant de disproportion qu'entre une herbe & l'éléphant. Les nuances de perfections des êtres ne sont relatives que dans leur espéce, & non dans des genres disparates. Ainsi nulle proportion entre le principe vital le plus parfait de la bête & l'ame la plus bornée Rien ne peut rapprocher, égaler des natures essentiellement différentes.

Ce n'eſt point là borner la puiſſance
du Créateur. Eſt elle bornée, parce
qu'il ne peut faire une montagne ſans
vallée ou un cercle triangle ? Rien n'eſt
impoſſible à Dieu que ce qui eſt contradictoire : telle eſt la matiére penſan-
te : elle ſeroit matiére, & tout à la fois
ne le ſeroit pas. Car qu'eſt-ce que la penſée ? Une idée, une réfléxion, un jugement, une choſe ; en un mot auſſi
indiviſible, auſſi immatérielle que la
vérité. Pourroit-on la voir, la toucher,
la diviſer, la colorer ? Qu'eſt-ce que
la matiére ? Ce qui eſt étendu, divi-
ſible ; ce qui eſt ſuſceptible de mouvement. Attribueroit-on à ces parties un
jugement, un oui & un non, une penſée d'amour ou de haine ? Ces idées,
ces natures ſont tellement incompatibles, qu'aſſurer que le corps puiſſe réfléchir, ou l'ame être diviſée, colorée,
c'eſt dire que le cercle peut être triangle. Dieu peut bien unir occaſionnel-
lement la penſée & le corps par le
moyen ineffable des organes ſenſibles :
mais identifier la penſée & le corps ; tirer
des parties corporelles la faculté de
penſer, de raiſonner ; & de l'intelligence ſpirituelle, le mouvement, ou

tout autre effet physique, c'est une contradiction formelle.

Nouvelle absurdité. Si la pensée naissoit de la matiére, elle seroit matiére. Les vérités quelconques, même géométriques, seroient matiére : ainsi en configurant autrement les atomes, on changeroit les vérités. De même encore elles auroient les autres propriétés analogues à la matiére : ou bien ce seroit dire qu'elles sont matiére, & qu'elles ne le sont pas.

Là paroît sous un jour révoltant l'inconséquence de nos Matérialistes. Ils ne peuvent, disent-ils, comprendre la nature d'une ame spirituelle, & ils dévorent l'absurdité de la matiére pensante : le premier regard sur la Physique en montre cependant l'impossibilité & la chimére.

D'abord les natures se discernent par les propriétés essentielles. Or celles de la matiére sont l'étenduë, la divisibilité ; & s'il en est d'autres, elles leur sont analogues. Celles de l'esprit, l'intelligence & la volonté, toutes autres facultés leur seroient aussi analogues. Or il implique de rendre celles de la matiére analogues à l'esprit,

& celles de l'esprit au corps : ainsi leur différence intime est fondée sur la nature des choses.

Autre preuve encore. Si la matiére peut penser, toute matiére peut penser. Nulle raison d'attribuer ce privilége à certains corps déliés exclusivement : la moindre particule d'air ou de feu est matérielle, tout aussi bien que le marbre & le fer ; & ce n'est pas sur des parties plus ou moins compactes qu'on peut adjuger ou refuser le germe de la faculté intellectuelle. En supposant donc que la matiére peut penser, on demande, dans une masse est-ce l'ensemble des parties qui pense, ou chacune séparément ? Si c'est l'ensemble, comment une infinité de parties, dont l'une n'est pas l'autre, qui ne forment la masse que par *adhésion*, *coadunation*, peuvent-elles concourir à ne former qu'un même *moi*, à produire une même pensée, un même sentiment ? Chaque partie est aussi peu identique à celle qu'elle touche, que si elle en étoit à mille lieues. Les masses ne font qu'un tout physique, & non pas un tout moral, c'est-à-dire, un tout dont l'ensemble ait des propriétés que les parties n'ont pas. Prenons pour exemple un tas de bled. C'est un amas de cent millions de grains. Rien de plus dans les cent millions réunis que dans un seul, & à la réserve du poids & de l'étenduë. Suppofons ce tas de bled penfant : quelle part les grains mettent-ils, & ont-ils dans la penfée ? Quoique unis, ils font auffi différens, auffi ifolés des grains voifins que des grains de la Barbarie. Ce total ne pourroit donc former qu'un amas d'individus. Toutes les parties penfent, ou aucune ne penfe ; parce qu'il implique qu'un amas reçoive de fes parties une propriété qu'elles n'ont pas. Or faire de toutes les parties d'une maffe autant d'êtres intelligens, y a-t il abfurdité plus révoltante ?

Même abfurdité relativement à toute autre maffe quelconque, je dis même d'un corps élémentaire. Ses parties, quoique homogènes, font auffi diftinguées entr'elles, auffi ifolées d'un tout qu'on puiffe appeller *un moi* que les parties les plus hétérogènes. Suppofons l'ame un corps de feu ou d'air : les particules prefque infinies qui forment cette maffe, n'ont rien de commun entr'elles que leur conformation ; & ne peuvent non plus former un tout moral, (quoique voifines) que le feu ou l'air qui eft dans la Chine. Ainfi il faudra dire que chaque particule eft une ame, & que le plus petit volume offre autant d'immenfités d'ames, que d'immenfités de parties & d'atomes.

Nouvelle extravagance encore. Quand on les fuppoferoit indivifibles, (queftion philofophique qu'on ne décidera jamais) il implique qu'un petit corps imperceptible qui n'a qu'un local fans étenduë prefque, & un très léger mouvement, que cet atome faififfe les vérités, combine les raports, accumule les fciences, embraffe l'univers, pénétre dans le fein de la Divinité. De l'exiftence & des propriétés de l'atome à la fublimité de ces opérations, l'intervalle eft prodigieux : pour le franchir, il faut que *la fureur* des préjugés, que la haine de la Religion ôte jufques au germe de la jufteffe & du bon fens.

Il y a plus encore : les Matérialiftes ne gagneroient rien dans ce fyftême des atomes penfans. Ce ne feroit plus fimplement la matiére terreftre du corps qui penferoit, mais un germe précieux,

quoique corporel , un atome fans parties divifibles. Il fuppléeroit par fes
propriétés finguliéres à l'ame fpirituelle.
Or dans cette hypothèfe il en auroit
en quelque forte la dignité, l'immortalité : il furvivroit à nos cendres ,
il les ranimeroit : en un mot, ce qu'on
établit fur les privileges , les devoirs,
la durée de l'ame , on l'adapteroit à
cet atome immortel. Au refte ce ne
feroit là que varier le délire.

Enfin la fpiritualité de l'ame fe tire de
fa volonté. C'eft fa faculté la plus noble
qui fuppofe , renferme toutes les autres : car pour *vouloir* , il faut poffé-
der des idées , les combiner , réfléchir
fur le choix. On peut avoir des idées
fans raifonner encore : on peut
raifonner fans vouloir encore ; mais
on ne peut vouloir fans idées, fans réfléxions. Or la volonté nous préfente
trois auguftes reffemblances avec Dieu,
qui forment tout à la fois trois diffem-
blances effentielles d'avec la matiére.

1°. Dieu s'aime d'un amour infini;
parce qu'il eft la fouveraine beauté ,
& la félicité par effence. Ce fentiment
divin eft incommunicable dans ce genre de perfection & de grandeur ; mais

l'ame, *image de Dieu* , sans s'aimer comme étant elle-même son principe & son repos , aime son être , son bon- heur ; le desire , le cherche : & de là mille sentimens , mille actes , tous émanés de cet amour reglé de soi , comme les rayons du soleil , & tous y rentrans. Ce desir de la félicité renferme essentiellement la fuite , la crainte du mal. Aussi opposé au bonheur , que les ténébres le sont à la lumiére , le même acte de la volonté embrasse ces deux sentimens. Dieu ne peut craindre le mal physique : il implique que la félicité infinie en soit susceptible ; mais il condamne , il juge le mal moral : & cette haine est le germe de la ressemblance d'un cœur avide du bien , & ennemi de la misere.

Or ce double trait est impossible dans la matiére. Envisageons les corps les mieux conformés , les plus brillans ; ils sont dans une inertie totale qui exclut l'idée même du bonheur ou du malheur : à cet égard nulle différence entre le soleil & le sable , entre le feu, le diamant, & la boue. Dans les corps végétatifs même (c'est là où est le plus noble mouvement,) rien encore qui exprime l'ombre du bonheur. Les corps ne connoissant point, ne sentant point leur propre existence, le néant ou l'être, c'est pour eux tout un. Il n'y a donc qu'un être spirituel qui puisse dire & sentir : *J'existe, je me connois, je goûte mon sort, je crains ma misere, je désire, & j'attens au bonheur.*

2°. Dieu est libre, sans autre loi que celle de son amour éternel de l'ordre : il choisit, il opére ce qu'il veut. Point de fatalité, tout est justesse, dessein ; l'ame est libre. Après avoir réuni, combiné ses idées, ses réfléxions, elle décide ses œuvres suivant ses desirs. Elle forme ses actes, elle les change, elle les modifie. Ce privilége est impossible dans la matiére : sa propriété, c'est l'inertie passive. Elle ne peut ni se donner ni s'ôter le moindre mouvement. Dans cette multitude de combinaisons, de mélanges, de chocs, d'actions, de réactions, pas la moindre connoissance, pas le moindre choix. La circulation de la seve n'a rien de plus spirituel que la dureté du marbre ou du fer : tout est également loi physique.

3°.

3°. Dieu, quoiqu'immatériel, est le souverain moteur des corps : il en forme, il en varie les mouvemens. L'ame fait mouvoir le corps, précisément parce qu'elle est spirituelle. Si d'un côté elle éprouve des sensations involontaires, de l'autre elle préside en Reine à cette machine : un seul acte fait mouvoir, avec autant de liberté que de variété, tous les ressorts : pas un sens, pas un membre, pas une fibre qui au premier ordre n'obéisse. Or comme il est évident que par lui-même le corps n'a aucun mouvement, il l'est que ce qui le fait mouvoir librement, est spirituel : sans cela tous les ressorts quelconques du corps seroient aussi fixes que ceux d'une pendule. Il agiroit machinalement, & n'obéiroit non plus à l'ame, qu'une montre à qui on demanderoit des heures arbitraires.

4°. Dieu, quoique libre dans ses actes, choisit toujours le bien ; & cela par l'excellence & la rectitude de sa nature. L'homme est obligé par sa nature même à choisir ce bien : mais étant borné & libre, souvent il s'en écarte ; il y revient ensuite. Ce devoir,

Tome I. H

son écart , son retour , tout prouve sa spiritualité.

Le devoir : l'ame a une loi morale, une loi d'ordre qui lui impose sa conformité aux perfections de Dieu. Donc elle en est susceptible. Proposeroit-on la vertu aux plantes , ou même aux animaux ? Ce seroit prêcher au néant.

L'égarement : les passions, quoique injustes, en formant son crime & sa misere , annoncent cependant l'abus d'un précieux privilége, la liberté. Il implique qu'elle existe dans les corps : tout ce qu'ils font, ils le font toujours nécessairement. Ainsi l'écart, l'injustice des passions, présentent tout à la fois un être coupable & un être grand. La variété même de ses passions montre encore cette prééminence de l'ame. Celles des animaux sont bornées à la conservation & aux besoins physiques de l'individu. Celles des hommes dans leur déréglement même présentent des vestiges de grandeur. Ce n'est pas seulement le plaisir physique qui en est l'objet : que de passions qui ne tiennent point au corps ! L'ambition, la politique, la cruauté, la trahison, la haine, l'orgueil, l'irréligion : quel est donc cet être, qui bravant toutes les loix du Créateur, s'en est formé d'autres ? Cette révolte est aveuglement & baffesse ; mais enfin elle peint la vivacité de l'ame, qui dans son injustice même, défire des objets variés & intellectuels, comme pour les proportionner, si elle le pouvoit, à la grandeur de son être.

Non-feulement elle les pourfuit, ces paffions, mais (autre preuve encore de fpiritualité) elle les abandonne librement, & en cela triomphe du corps d'une maniére palpable. Car qu'eft-ce qu'une paffion, en la fuppofant toute matiére ? Un penchant formé par mille & mille refforts phyfiques qui ont donné tel cours aux efprits vitaux : nul autre moyen poffible de les expliquer dans le fyftême matérialifte. Dès-lors il ne peut jamais y avoir de combat intérieur dans l'homme. Rien n'y eft fpirituel & moral : tout y eft reffort. D'où pourroit donc naître l'oppofition ? Les refforts corporels décideroient toujours inévitablement les actions.

Cependant chaque jour on triomphe des paffions les plus redoutables ; aux

veftiges qui pendant des années avoient
gravé profondément des penchans terreftres , fuccédent des impreffions
d'ordre, de décence , & de vertu. D'où
cette victoire ? D'un principe fpirituel.
Les motifs moraux de fageffe, de fidélité, de crainte, de menaces , d'efpérance des biens folides ; ces motifs
effacent les anciennes fibres de miferes,
pour y en fubftituer d'autres analogues
à la morale : donc ils naiffent d'un principe différent de la matiére fupérieure
à la matiére : donc l'ame eft fpirituelle. Cette vérité fe tire avec certitude,
& de fa nature & de fon intelligence,
& de fa volonté & de fa liberté, & du
pouvoir qu'elle a fur le corps. Refte à
diffiper deux fophifmes : les fenfations
font matérielles , l'ame des bêtes eft matérielle : donc l'ame de l'homme peut
l'être.

Qu'eft-ce que fenfation ? Une opération mixte du corps & de l'ame, qui
conféquemment réunit le matériel & le
fpirituel. L'union du corps & de l'ame
eft un myftére naturel. La raifon ne
comprend pas comment un corps peut
modifier une fubftance fpirituelle : comment celle-ci peut gouverner un corps ,

lui commander. Quoi qu'il en foit, le fait exifte : le corps & l'ame font unis d'une maniére ineffable , mais très-réelle ; & le Philofophe même n'en peut trouver d'autre caufe poffible que la volonté expreffe du Créateur.

D'après cette union rien n'eft fi fimple que de diftinguer dans les fenfations les opérations très-différentes des deux fubftances unies. Les fens étant le moyen admirable choifi par la fageffe divine pour nous communiquer l'ufage des biens de la nature , on doit y confidérer trois chofes : l'action du corps, celle de l'ame, & l'opération du Créateur.

Sous une face les fens font purement corporels. Ils renferment une combinaifon telle d'un objet fenfible , & une impreffion telle qu'il fait fur les organes. Ainfi le feu, par exemple, a fes parties en mouvement : parties qui divifent & dévorent la chair. Un fruit a des parties autrement taillées , configurées : elles agiffent avec proportion fur les organes. Jufques là tout eft corporel, & dans le corps étranger, & dans les organes. Mais ce n'eft là que la partie groffiére & phyfique des fens :

vo ci leur dignité, leur perfection.

D'après l'union du corps & de l'ame par une loi physique & constante, tel mouvement du sens corporel excite, occasionne tel sentiment dans l'ame. De là ce qu'elle éprouve, soit dans le regard, soit dans l'ouïe ou dans le goût, ces sentimens variés, modifiés à l'infini, existent uniquement dans l'ame; les corps n'en font que les simples causes occasionnelles. La sensation envisagée dans l'ame est donc une pensée, un sentiment purement spirituel : les corps qui l'excitent, n'y mettent rien en genre de cause, & n'y ont aucun rapport que par la loi positive du Créateur.

Ainsi le regard est spirituel : c'est l'ame qui par l'organe des yeux reçoit une image du corps. L'ouïe est quelque chose de spirituel : c'est l'ame qui par le timpan a une idée, & des sons, & des pensées attachées aux sons. Le goût est spirituel : c'est l'ame qui par l'impression des parties savoureuses est ainsi affectée. En un mot tout sentiment occasionné par le rapport & l'analogie des corps étrangers avec nos organes est purement spirituel. Que ce

ſoit douleur, plaiſir, ou toute autre opération variée ; elle vient uniquement de
l'ame, elle réſide toute dans l'ame ; &
quoique les objets ſenſibles ſoient très-
réels, ce n'eſt là qu'une réalité phyſique : toute réalité intellectuelle réſide
dans nous.

De là l'excellence & la dignité de
nos ſens. Dire que les ſenſations ſont
matérielles, ce n'eſt point parler en Phi-
loſophe, puiſque c'eſt ne pas diſtin-
guer deux choſes infiniment différentes, les organes corporels, & les modifications intellectuelles. De ce que
l'ame, en voyant le ſoleil & le firmament, s'éleve à la grandeur du Dieu
qui les a formés, il ne ſuit que cette
idée, cette admiration ſoit corporelle;
parce que la vuë du ſoleil l'a occa-
ſionnée. De même (avec proportion)
de ce que ce ſoleil forme une image
dans l'œil, il ne ſuit point que le regard ſoit corporel. Ainſi, quoique tout
ſoit très-réel dans l'univers phyſique,
il eſt pourtant vrai que ces beautés qui
nous y frapent exiſtent dans nous :
ce ſont des idées occaſionnées par les
corps, mais produites par l'ame. De là
jugeons de la grandeur d'un Etre intel-

ligent , qui par ses idées semble créer dans lui un univers intellectuel.

Cette liaison admirable des sens, loin de confondre nos substances , les discerne aux yeux vraiment Philosophes, & elle leur montre dans ces mêmes sens les traits de la sagesse & de la puissance de Dieu. Lui-même il a choisi cette voie pour nous unir , & à notre corps & à l'univers.

Voie admirable : elle renferme des merveilles sans nombre. Accoutumés à en jouir dès l'enfance, on en sent moins le prix & la grandeur : mais conçoit-on la multitude des prodiges qui étonnent, qui surpassent l'imagination même dans un seul sens ? Jamais les recherches les plus profondes ne pourront les épuiser , ni même les saisir, les comprendre.

Voie prompte, l'instant suffit. Si pour marcher , pour voir, il falloit d'abord raisonner ou sur les objets, ou sur nos ressorts, la vie entière ne seroit que lenteur délibération , inertie. La sensation s'excite sans nous & dans le moment. L'objet frape, non pas seulement l'organe , mais l'ame elle-même , si l'on peut ainsi dire : aussitôt elle voit, elle fent, elle touche. L'évidence géométrique eft moins vive, moins rapide que la fenfation.

Voie fûre : rien n'y eft trompeur, tout y eft vrai ; parce que tout y vient de Dieu. Les corps exiftent, les organes exiftent avec telle proportion, telle configuration. Quoique le fentiment foit purement fpirituel, quoique Dieu puiffe, fans le fecours des corps, affecter pareillement nos ames, *l'égoifme* eft un vrai délire qui infulte la fageffe & la vérité de Dieu : tout ce qu'il nous montre, eft réel. Quand nous ne pourrions pas précifément affigner la forme des parties qui remuent nos organes, cette ignorance ne donne point atteinte à la réalité intime des corps fenfibles.

Même fûreté dans la proportion des organes & des fentimens, dans la fécondité uniforme & conftante de cette voie. Rien n'y varie : les irrégularités même fous ces variations apparentes, offrent un méchanifme régulier & toujours durable : les objections fe changent en preuves. Pourquoi la même nourriture eft-elle amere pour les malades, & douce à l'homme fain ? Parce que les organes font variés par les humeurs. Pourquoi l'objet paroît-il dif-férent sous un prisme ? Parce que les rayons visuels sont réfléchis différemment : du reste tout est fixe & immuable dans les loix sensibles. Si celles des corps végétatifs & mixtes ne changent jamais, craindrons-nous le changement & l'imperfection dans le genre le plus noble , celui qui forme l'union intime de nos deux substances & notre empire sur l'univers ?

Il ne suit point de là que l'exercice & l'usage de nos sens soit infaillible. La raison est immuable : très-souvent nous raisonnons mal. De même les sens sont justes ; mais nous pouvons former de faux jugemens sur leurs opérations, nous tromper sur la configuration & l'éloignement des corps, confondre les organes corporels , & les sentimens intimes ; c'est ce qu'on appelle *préjugés des sens :* cet écart vient de nous seuls, & n'altere non plus *la facture sage & infaillible* des sens, que nos erreurs la vérité éternelle.

Pour détruire l'objection tirée de l'ame des bêtes, question purement philosophique , mais qu'on tâche dans ce siécle d'incrédulité de diriger contre la nature & les priviléges de l'ame des hommes, exposons les trois sentimens. L'ame spirituelle des bêtes, (quoique mortelle,) l'ame sensitive, l'ame matérielle.

Quelques Métaphysiciens (en fort petit nombre) opinent que l'ame des bêtes est spirituelle, quoique cependant très-différente de celle de l'homme, & n'ayant ni loi morale, ni liberté, ni immortalité ; étant simplement douée d'une connoissance obscure, & d'un sentiment relatif à la conservation de l'individu. L'opinion ne paroît ni Chrétienne, ni Métaphysicienne. Elle tend à mettre de niveau l'ame des bêtes & celle des hommes, & à dégrader celle-ci , en donnant des prérogatives à celle-la.

La différence essentielle des êtres se tire de leur nature, de leurs facultés, & non du degré de perfection de ces facultés. Une particule d'air & de feu est un corps aussi bien qu'un bloc de marbre, l'huitre un animal aussi bien que l'aigle, l'ame d'un homme grossier, une intelligence aussi bien que celle de l'Ange. L'étenduë des conceptions fut-elle de la différence à des millions d'une unité de milliards, ne change pas la nature des êtres. Ainfi dès-lors que l'ame de la bête eft fpirituelle, elle eft analogne à celle de l'homme : les dégrés de pénétration & de vivacité n'ôtent point cette analogie.

Dès lors, on ne peut priver les bêtes de la liberté & de l'immortalité, ces priviléges étant effentiels à tout être fpirituel. Telle inégalité qu'on veuille fuppofer entre l'homme & l'animal, on ne doit point dépouiller celui-ci de ce qui conftitue l'intelligence, puifque fon ame eft fpirituelle , & conféquemment intelligente. Toute intelligence fe connoît , connoît & fent fon exiftence. Les idées intimes & innées qui en naiffent néceffairement, l'idée de Dieu & de fa loi relative à fa nature : l'idée du bonheur & du malheur , ne peuvent fe féparer de l'idée de *foi*, premier regard , premier fentiment de tout être penfant. Il implique qu'il connoiffe fon exiftence, fans connoître ce qui néceffairement y eft joint. La notion fut-elle obfcure, elle exifte enfin, & ne peut avoir d'autre différence, que la perfection des dégrés.

Toute intelligence a une loi analogue, & dès-lors spirituelle : l'instinct ne signifie rien que la loi physique, & ne peut convenir à une ame qui raisonne. C'est accuser la sagesse de Dieu que de supposer d'un côté des êtres spirituels, & de l'autre une loi nécessaire & corporelle. Il est dans *la nature des choses* qu'une substance qui pense, se conduise par la vérité & la raison, sa regle nécessaire. Qu'elle la suive avec moins de lumiére & de perfection, cela peut être : cette proportion relative est sage ; mais enfin la regle est la même, *la vérité & l'ordre.*

Il suit de-là que les actions des bêtes ne sont plus simplement physiques, mouvemens du sang, impressions nécessaires de l'instinct ; mais actes réfléchis & libres. Car puisqu'elles pensent, qu'elles sentent, elles tendent avec lumiére & conviction à leur bonheur ; & ces moyens qu'elles choisissent, doivent être conformes à la fin de leur être, fin qui nécessairement est *l'ordre* pour le genre intellectuel. Il faut donc motiver un code, le proportionner à leurs facultés, à leur choix. Car supposer un être pensant, & dire que

Dieu le conduit, comme les êtres non penfans, par des loix phyfiques, c'eft une contradiction.

Toute intelligence eft aftreinte à la loi d'égalité avec des êtres égaux : ainfi du fyftême de la fpiritualité des bêtes naît celui de leur fociété. Elles femblent n'exifter que pour s'entre-détruire, & l'inftinct même ne leur donne de force & d'adreffe que pour dévorer leurs femblables. Or fi ces êtres ont le fentiment feul de leur exiftence & celui du bonheur, leur droit général & mutuel de fe dévorer eft injufte & cruel. Car enfin ils defirent leur confervation, ils fouffrent : pourquoi donc ne font-ils tous occupés qu'à fe ravir avec barbarie l'exiftence leur feul bien?

Même raifonnement relatif au droit des hommes fur les animaux. Ils les égorgent pour fe nourrir, & ont autant d'empire fur eux que fur les végétaux. Or s'ils ont une ame fpirituelle, ils font nos égaux, même en admettant les degrés très-différens de perfections : pourquoi donc les traitons-nous avec inhumanité ? Dieu qui fait tout avec juf-teffe & bonté, nous auroit-il donné un droit fi funefte à l'efpéce intellectuelle

des animaux ? Ne leur devoit-il pas les
foins de fa providence, & la reconnoît-on
dans ce maſſacre général qu'il nous a
permis ? Auroit-il pu mettre entre ames
fpirituelles & ames fpirituelles une dif-
proportion fi étonnante ? Non : ce droit-
fouverain d'égorger & de manger les
animaux prouve qu'entr'eux & nous il
n'eſt, relativement à l'ame, aucune analogie, & par conſéquent point de fpiritualité.

Toute intelligence a droit à l'immortalité : la fuppoſition du néant eſt
ici purement gratuite, ou plutôt contraire aux principes. A part les preuves
de la révélation, qui en cela ne font
que confirmer celles de la raiſon : tout
ce qui prouve l'immortalité de l'homme, prouve avec proportion celle de
la bête. Son ame n'étant point corporelle ne peut périr par la diſſolu-
tion du corps : ayant le fentiment de
l'exiſtence & du bonheur, elle a le
germe d'un fort futur ; Dieu ne donnant jamais de telles prérogatives, de
tels moyens, fans décreter la fin qui eſt
la durée de l'exiſtence. Suppoſer qu'il
les anéantit à la mort, c'eſt imaginer,
& non pas prouver. Ainſi donc le fyſ-

tème des ames spirituelles dans les bêtes est également opposé & à la Métaphysique & à la Religion. Il ne seroit
pas possible d'assigner la moindre différence essentielle entr'elles & l'ame
des hommes.

Seconde opinion. L'ame purement
sensitive, l'ame matérielle, sans toutefois être matière : opinion contradictoire ; c'est dire, précisément qu'elle est
matière, & qu'elle ne l'est pas. Car enfin ou cette ame est étendue, est divisible, est susceptible des autres propriétés corporelles, & alors elle est matière ;
ou elle n'en est pas susceptible, & alors
elle n'est pas matérielle. Tous les sub-
terfuges de l'Ecole ne sauveront jamais
cette contradiction.

D'ailleurs admettre une ame sensitive & matérielle, c'est extraire d'un
principe corporel, d'un organe physique, un effet spirituel, la sensibilité : car
enfin *sentir*, c'est sçavoir qu'on existe. Les
sensations n'étant que des accessoires &
des modifications de l'être, il faut discerner son être avant de discerner ses modifications : & le germe radical que Descartes
admettoit dans l'ordre des connoissances,
je pense, donc je suis, est le même dans

l'ordre des fenfations. *Je fens, donc je
fuis.* Si donc l'ame matcrielle fent, encore une fois elle connoît fon exiftence. De cette feule connoiff.nce combien de vérités ultérieures?

Les fenfations, quoique prodigieufe-
ment variées, rentrent dans deux claffes,
celles du p'aifir, ou de la douleur Or
fentir l'une ou l'autre, defirer l'un &
fuir l'autre, c'eft être fufceptible d'une
forte de bonheur & de malheur ; c'eft
choifir les moyens qui procurent le
repos, qui chaffent l'ennui & la peine :
modifications vraiment fpirituelles. Il
implique autant que la matiére fente fon
bien ou fon mal, qu'il implique que
la penfée foit corps. Ainfi toute fenfation de plaifir ou de fouffrance ne peut
être imprimée que dans un être fpirituel : & de cette feule fenfation l'on
déduiroit les autres propriétés de l'ame
penfante. Car puifque *fentir* c'eft dans
l'homme une opération fpirituelle : donc
fi les bêtes ont une fenfation analogue
à celle de l'homme, elles ont le même
principe fpirituel.

Autre chofe encore. L'on voit dans
les animaux des merveilles étonnantes :
pas une efpéce qui n'en préfente de

diſtinctes. Le travail de l'abeille, l'induſtrie du caſtor, la fidélité du chien,
les ruſes du renard, l'adreſſe & la malice du ſinge, tout eſt varié, diſtinct,
admirable : ſouvent tout y paſſe la
ſphère de la raiſon & de l'induſtrie de
l'homme. Or quel eſt le principe de
ces merveilles ? Eſt-ce l'inſtinct? Eſt-ce
le ſentiment ? Si c'eſt l'inſtinct, tout y
vient de Dieu : ce mot ne ſignifiant
qu'une loi phyſique plus noble que celle
des végétaux, mais toujours analogue
à la matiére. Si c'eſt le ſentiment, ce
mobile eſt dans l'animal ; & alors il
fait tout par combinaiſon de ſes intérêts & de ſes paſſions : ſon principe
actif ſurpaſſe à bien des égards celui
de l'homme. Suivons en effet la route
de l'animal, nous y verrons que le deſir de *ſentir*, que la conſervation de
ſon individu le rend logicien, politique, ſouple, ardent, courageux, conſtant ; qu'il y développe le jeu & la
vivacité des paſſions les plus rafinées.
Il ne peut opérer tant de choſes ſurprenantes par *ſentiment*, qu'il ne le
faſſe par *réfléxion*. Un ſentiment ſi varié, ſi fécond, ſi actif, eſt un vrai raiſonnement. Pas une ſeule de ces opé-

rations qui ne suppose & ne renferme une suite d'argumens réels : les faits le démontrent.

Le troisiéme syftême eft celui des ames purement matérielles. Eft-il poffible ? Eft-il convenable ? Eft-il conforme à la Phyfique & à la Religion ?

L'ame matérielle ne confifte que dans le mouvement du fang & l'organifation des parties, fans autre principe actif qu'une loi phyfique du Créateur. Or une telle ame n'emporte aucune contradiction : elle eft donc poffible au Très-haut. Sa puiffance, fa fageffe infinie, peut imaginer & exécuter des loix harmoniques pour l'exiftence & la confervation des animaux, auffi fixes & auffi durables que celles qui maintiennent l'ordre phyfique dans l'univers : & alors ce qu'on appelle inftinct, (nom fi obfcur & fi inintelligible) eft très-lumineux, très-fimple. C'eft un ordre établi par le Créateur pour diriger par des loix phyfiques, plus admirables encore que celles des corps végétatifs, les opérations des animaux, & pour en tirer les effets relatifs & aux befoins des hommes & à l'harmonie de l'univers. Rien en cela qui excéde le pouvoir, & même les voie ordinaires du Créateur. Il peut former des ouvrages d'une gradation variée à l'infini : & sans dire précisément que l'animal est une pure machine, (*) il est aisé de prouver la possibilité de tous les mouvemens physiques de l'instinct par des exemples réels sous nos yeux.

1°. Il faut pour l'*instinct* une combinaison infinie : elle passe toutes les idées de l'homme. Mais cette combinaison existe déja dans l'harmonie, la végétation, le mélange des êtres matériels. Et si l'on apprécie la justesse & la fécondité de toutes les loix physiques sur une infinité de corps, on ne trouvera rien de plus étonnant dans les opérations du sang des animaux. Nos sens seuls, toujours soumis aux préjugés, y supposent de la différence ; mais le prodige est égal.

2°. La preuve de la possibilité de l'instinct est dans nous-mêmes. D'a-

____

(*) Le titre de *machine* appliqué aux bêtes semble révolter les sens. Sans établir précisément ce que c'est, tout ce qui ne pense pas, tout ce qui n'est pas formé à l'image de Dieu, destiné à posséder Dieu, peut être regardé comme *machine*, c'est-à-dire, ouvrage physique du Très-haut.

bord nous avons une immensité d'o-
pérations purement animales, où l'ame
n'agit point, où les ressorts seuls de la
machine exécutent : juste image des
actes physiques des animaux ; c'est
précisém ent la même loi.

Il y a plus : nos actes même libres
& réfléchis nous offrent du côté de
Dieu la même merveille. Car enfin le
corps & l'ame étant des natures disparates, ne peuvent être unies & former
des sensations que par une loi spéciale
qui agit chaque instant. Quoique
la volonté commande au corps, pas
un mouvement , pas une sensation,
qui ne soit une sorte de prodige. Il
faut toujours à chaque moment , que
cette loi s'exécute , *toutes les fois que
l'ame aura telle volonté , tel mouvement sera dans les organes.* Or ce décret qui va à l'infini , & qui nous
offre nos actions exécutées avec une
promptitude, une précision admirable,
ce décret suffit pour tous les animaux
possibles. Dans eux c'est pure loi physique : dans l'homme c'est la loi physique qui n'agit que d'après la volonté. Mais enfin que ce soit le sang
seul, ou le sang dirigé par l'ame, la
merveille est égale ; & l'animal, en-

viſagé comme pure machine, n'a rien
de plus difficile , de plus étonnant,
que la machine humaine unie à l'ame
ſpirituelle.

Le ſyſtême eſt donc poſſible : mais
eſt-il ſage & convenable ? eſt-il digne
de Dieu ? 1°. Il montre par-là ſon
pouvoir ſuprême , & la fécondité infinie de ſes voies. C'eſt par le mouvement
qu'il forme l'harmonie & la contexture intime des corps compoſés ; que
de quelques corps élémentaires il en
produit une multitude d'autres qui paroiſſent tout différens. C'eſt par le mouvement qu'il fait croître & germer tant
d'êtres végétatifs : merveille ſupérieure
à celle des corps mixtes & inanimés,
C'eſt par le mouvement qu'il forme
& conſerve une multitude infinie d'animaux d'eſpéces & d'opérations ſi variées.
Ce genre d'ouvrages décore & anime
l'univers entier.

2°. Par là il donne aux hommes des
ſecours proportionnés à leurs beſoins ;
tout eſt créé , conſervé , reproduit ſur
la face de la terre. Dieu a voulu nous
ménager les mêmes avantages dans la
ſucceſſion éternelle des animaux. Néceſſaires à nos travaux & à notre nour-

riture, il falloit qu'ils fuſſent renouvel-
lés par les germes, & durables autant
que la ſociété humaine. Agiſſent-ils, ſe
perpétuent-ils pour ſervir l'homme auſſi
conſtamment que les ſaiſons, & les élémens le ſervent. Nul autre moyen de rendre leur ſecours éternel: il falloit, pour durer autant que l'homme, autant que le
monde, que ces êtres euſſent dans eux-mêmes, par une loi ſimple & féconde, les
moyens d'agir & de ſe multiplier. Ainſi
voit-on dans l'inſtinct des animaux la
ſageſſe & la puiſſance de Dieu, l'harmonie de l'univers, & l'avantage de
l'homme.

Mais en ſuppoſant qu'il n'y a dans
les bêtes qu'un inſtinct phyſique, ne
pourroit-on pas en inférer dans les
hommes le même inſtinct ſans ſpiritualité, ſans immortalité ? Non, ſans doute.
Il eſt des diſſemblances ſi énormes,
qu'on ne peut y méconnoître d'un côté
une pure matiére organiſée par le Créateur, & de l'autre une ſubſtance libre
formée à ſon image.

D'abord l'homme ayant été formé
d'un corps & d'une ame pour poſſéder
l'univers par le miniſtére des ſens, il
n'eſt point étonnant qu'il ait quelque

chofe de commun avec les animaux.
L'ame l'approche des Anges ; le corps
lui donne des opérations animales :
mais dans ces opérations-là même brille
la fupériorité qui les dirige.

Quoique les animaux paroiffent connoître, agir par fentiment, par réfléxions,
leur intelligence prétendue décrit la
fphère la plus étroite. Incapables de
toute fcience, de toute vérité intellectuelle , de toute leçon morale , leur
ame concentrée dans leurs corps , ne
perce jamais au delà : en fatisfaire les
befoins , en éviter les douleurs ; voilà
toute leur métaphyfique. Du refte on ne
leur fera jamais entendre que deux &
deux font quatre.

L'ame de l'homme , unie intimement
à un corps , fous ce rapport s'intéreffe
à fa confervation & à des opérations
fenfibles. Mais intelligente par nature ,
elle s'éleve aux plus hautes vérités ,
elle approfondit les fciences , elle perce
les idées abftraires de la Métaphyfique ,
les calculs de l'Algebre , les profondeurs
de la Géométrie , les loix de la Phyfique , les régles de l'Aftronomie ; elle
réfléchit fur Dieu , fur l'univers , fur
elle-même : on voit dans des opérations

tions ſi ſublimes un être émané de l'Intelligence infinie.

Les animaux n'ont point de ſignes
pour exprimer leurs penſées, parce qu'ils
n'ont point de penſées. Ils profèrent
quelques ſons toujours les mêmes, ſans
aucune ſignification préciſe, que celle
de dénoter quelques beſoins. Le langage des hommes eſt une merveille
ſurprenante qui atteſte leur intelligence.
Les mots ne ſont que des ſons arbitraires : le prodige de la parole eſt non-
ſeulement dans le ſon d'un goſier flexi-
ble, mais dans les idées ſpirituelles qu'on
y attache. Par une liaiſon intime &
admirable tout ce que l'ame penſe, la
langue l'exprime : tout ce qu'elle exprime, ceux à qui elle l'annonce,
l'entendent & y répondent. C'eſt une
communication mutuelle de penſées &
de vérités.

Les animaux n'ont point de ſociété,
ils vivent iſolés; à part certains nœuds
néceſſaires à la conſervation de leurs
petits qu'ils oublient enſuite, comme
ceux-ci oublient leur pere & leur
mere. Ce n'eſt là qu'une ſociété rapide & phyſique. Les hommes ont une
ſociété conſtante fondée ſur la loi di-

vine. Unis avec tous les hommes de l'univers, par l'équité ; avec leurs citoyens,
par des nœuds plus étroits ; avec leurs
parens, suivant la diversité des rapports ;
ces liens sont sacrés & immuables : ce
n'est plus seulement le goût, le besoin
qui les forme, c'est la raison & l'ordre.

Les animaux n'ont point de loi morale. Bornés aux besoins physiques, tout
ce qui leur convient, est leur droit.
Qu'ils pillent, qu'ils tuent, qu'ils satis-
fassent leurs desirs quelconques ; plus ils
sont forts & adroits, plus ils ont leur
perfection animale. Ils ne sont donc
que matiére : car toute intelligence doit
être soumise à l'ordre. Les hommes
avec les mêmes besoins physiques, avec
des desirs plus vifs encore, des passions plus fortes, plus combinées,
sont restreints par une loi pure & sé-
vere. Les penchans les plus vifs du
corps sont subordonnés à la dignité
& à l'empire de l'ame : l'homme doit
immoler ses plaisirs, ses intérêts, sa
vie à la loi pure & respectable de
son Auteur.

Les animaux agissent avec sagacité
dans la sphère de leurs besoins ; mais

sagacité toujours uniforme. Chaque espéce est attachée irrévocablement à une manière d'opérations qu'elle ne change jamais. Depuis la naissance du monde l'abeille a tel travail, l'oiseau tel nid, l'insecte telle adresse : tout se fait avec autant d'uniformité & de justesse, que s'ils agissoient par des ressorts physiques. L'homme a une variété étonnante : d'un million d'individus, pas un ne pensera & n'agira précisément de même. L'intelligence & la liberté nuancent à l'infini les talens, les goûts, les actions.

Les animaux atteignent sur le champ leur perfection, & cela sans maître, sans effort : c'est un don qui suit l'existence. Ainsi le ver à soie sçait filer, l'abeille extraire les sucs, travailler, l'araignée ourdir sa toile, les oiseaux de passage voyager au temps fixe ; & une fois parvenus à ce point, ils n'en sortent jamais : plus d'invention, plus de progrès. Semblables aux végétaux, ils naissent, ils croissent, ils dépérissent de même. L'homme n'atteint la perfection dont il est susceptible, que par les leçons, les exemples & les travaux. Est-il sans culture ? il étouffe

ſes talens, & reſte dans une ſorte de
ſtupidité. Sa perfection, quoique don
de Dieu, eſt en même temps le fruit
de ſes peines : de là tant de variétés
& de progrès. Le premier jour de la
création a vu les animaux tels qu'ils
feront à celui de la conſommation.
Chaque ſiécle, chaque jour voit parmi les hommes des nouveautés ou utiles, ou nuiſibles ; mais toutes également
ment preuves de leurs facultés libres
& agiſſantes. La perfection ſûre & rapide des animaux annonce des ma-
chines organiſées par une main puiſſante : la perfection ſucceſſive des hommes, leur inégalité ſurprenante, leurs
imperfections, annoncent un principe
actif, dont les ſuccès & les écarts même atteſtent la liberté.

Ainſi donc, quoiqu'aux yeux des ſens
il y ait une ſorte de parité entre plu-
ſieurs opérations des hommes & des
animaux, la raiſon y diſcerne des dif-
férences eſſentielles & frapantes. Il y
a plus encore : loin de pouvoir alléguer en preuve de ſpiritualité les actions les plus ſurprenantes des animaux, c'eſt là préciſément ce qui n'y
montre qu'un inſtinct phyſique ; comme

au contraire les miferes & les défauts de l'homme prouvent la noblefle de leur principe, je m'explique.

L'ame, image de l'intelligence & de la volonté de Dieu, produit (avec un fecours analogue) fes propres actes : mais étant bornée, elle eft fufceptible de défauts : de là fes miféres, fes écarts. Rien donc n'eft fi grand que le principe, *la fpiritualité*, *la liberté* : rien n'eft fi trifte que l'abus de cette noble faculté. Au contraire, rien n'eft moins noble que le principe vital des animaux, (à l'envifager dans eux-mêmes) c'eft fimplement une loi phyfique où ils ne mettent non plus de choix que les végétaux dans la circulation de la féve : & précifément par cette raifon, rien n'eft plus fûr, plus admirable que les effets. Ils font parfaits dans leur genre, parce que Dieu lui-même les extrait de la caufe avec un ordre invariable.

De là tant de chofes admirables. Avec la plus vive fenfation ferez-vous les abeilles Géométres nés, les caftors Architectes, les hirondelles & tant d'autres oifeaux Aftronomes, les vers Artiftes, les infectes adroits & politiques ? Nul rapport de ces merveilles & de mille autres avec la sensation.

Il y a plus : la raison n'en viendroit pas à bout. Quand ils seroient doués de notre intelligence & de nos talens, ils ne pourroient exécuter aussi sûrement leurs manœuvres. Le meilleur Architecte, borné aux petites forces de l'hirondelle, ne bâtiroit pas leur nid ; & dans le corps d'un vers il ne fileroit pas les tissus innombrables d'un cocon de soie. Ainsi plus on étale les merveilles & la sagacité des animaux, plus on prouve leur matérialité ; parce qu'il est visible que cet instinct est si sûr, si parfait, qu'il surpasse la sphère d'une intelligence bornée & obscure : il annonce une loi immuable du Créateur. Tout autre principe dans les bêtes ne rempliroit jamais leur destination : on ne verroit que des actions de stupidité & de hazard. Rien n'y seroit sûr, égal, industrieux ; & bientôt les espéces mêmes périroient. Pour les rendre uniformes, constantes ; pour en tirer des effets stables & merveileux, il falloit quelque chose de supérieur à la raison même des hommes, une loi générale, aussi infaillible, & plus étonnante que que celle des germes.

Ici nous n'avons point prétendu difcuter la queſtion philoſophique des bêtes, mais ſimplement éloigner les fauſſes conséquences qu'on voudroit en tirer. Des trois ſyſtêmes, celui de l'ame
ſpirituelle donne atteinte à la Religion ;
celui de l'ame ſenſitive ſemble contradictoire : & fut-il poſſible, il rentre
dans le premier. *Sentir*, c'eſt penſer.
Enfin le ſyſtême des ames matérielles
choque les ſens ; mais cette oppoſition
peut n'être qu'un préjugé. Il eſt d'ailleurs poſſible, conforme à la raiſon, &
à la Religion. Au reſte ſans prétendre
ici rien établir, tout ſyſtême eſt indif-
férent, pourvu qu'on mette à couvert
les droits ſacrés & de l'ame & de la
Religion.

SECTION SECONDE.

Liberté de l'homme.

TEXTES.

Mangez de tous les fruits des arbres du paradis; mais ne mangez point du fruit de l'arbre de la science du bien & du mal. (*) Car au même temps que vous en aurez mangé , vous mourrez très-certainement.

Adam.... où êtes-vous ?.... La femme que m'avez donnée pour compagne , m'a présenté du fruit de cet arbre ; & j'en ai mangé. Le Seigneur dit à la femme : Pourquoi avez-vous fait cela ? Elle

Ex omni ligno Paradisi comede : de ligno autem scientiæ boni & mali ne comedas. In quocumque enim die comederis ex eo , morte morieris. *Gen.* 2, 16, 17.

Adam, ubi es ?... Mulier quam dedisti mihi sociam, dedit mihi de ligno, & comedi. Et dixit Dominus Deus ad mulierem : Quare hoc fecisti ? Quæ respondit : Serpens decepit me , &

_____

(*) Adam a péché librement.

TEXTES.

comedi. *Gen.* 3. 5. 12. 13.

répondit : Le serpent m'a trompée ; & j'ai mangée de ce fruit.

Nonne si bene egeris, recipies ? Sin autem malè, statim in foribus peccatum aderit. Sed sub te erit appetitus ejus, & tu dominaberis illius. *Gen.* 4. 7.

Si vous faites bien, n'en serez-vous pas récompensé ? Et si vous faites mal, ne porterez-vous pas aussi-tôt la peine de votre péché ? (*) Mais votre concupiscence sera sous vous, & vous la dominerez.

Quid fecisti ? Vox sanguinis fratris tui clamat ad me de terra. Nunc igitur maledictus eris super terram, quæ aperuit os suum, & suscepit sanguinem fratris tui de manu tua. *Gen.* 4. 10. 11.

Qu'avez-vous fait ? La voix du sang de votre frere crie de la terre jusqu'à moi. Vous serez donc maintenant maudit sur la terre, qui a ouvert sa bouche, & qui a reçu le sang de votre frere, lorsque votre main l'a répandu.

Videns Deus quòd multa malitia hominum esset in terra, & cuncta cogitatio cordis intenta es-

Dieu voyant que la malice des hommes qui vivoient sur la terre étoit extrême, & que toutes

(*) Caïn, quoique méchant, étoit libre.

I v

TEXTES.

les pensées de leur cœur étoient en tout temps appliquées au mal, (*) il se repentit d'avoir fait l'homme sur la terre. Et étant touché de douleur jusqu'au fond du cœur, il dit : J'exterminerai de dessus la terre l'homme que j'ai créé.

set ad malum omni tempore, pœnituit eum quòd hominem fecisset in terrâ. Et tactus dolore cordis intrinsecùs, delebo, inquit, hominem quem creavi, à facie terræ. Gen. 6. 5 6. 7.

Le cri de Sodome & de Gomorrhe s'augmente de plus en plus, & leur péché est monté jusqu'à son comble. Je descendrai donc, & je verrai si leurs œuvres répondent à ce cri qui est venu jusqu'à moi, pour sçavoir si cela est ainsi, ou si cela n'est pas.

Clamor Sodomorum & Gomorrhæ multiplicatus est, & peccatum eorum aggravatum est nimis. Descendam, & videbo utrùm clamorem qui venit ad me, opere compleverint, an non est ita, ut sciam. Gen. 18. 20. 21.

Dieu dès le commencement a créé l'homme, & il l'a laissé dans la main de son propre con-

Deus ab initio constituit hominem, & reliquit illum in manu consilii sui : adjecit mandata &

(*) Les châtimens des crimes prouvent qu'ils ont été commis librement.

TEXTES.

præcepta sua. Si volueris mandata servare, conservabunt te... Apposuit tibi aquam & ignem : ad quod volueris, porrige manum tuam. Ante hominem vita & mors, bonum & malum : quod placuerit ei, dabitur illi. *Eccli.* 15. 14. & *seqq.*

seil. Il lui a donné de plus ses ordonnances & ses préceptes. Si voulez observer les commandemens, ils vous conserveront.... (*) Il a mis devant vous l'eau & le feu ; afin que vous portiez la main du côté que vous voudrez. La vie & la mort, le bien & le mal, sont devant l'homme : ce qu'il aura choisi, lui sera donné.

Mandatum hoc quod ego præcipio tibi hodie, non supra te est, neque procul positum.. Sed juxta te est sermo valde in ore tuo, & in corde tuo, ut facias illum.... Testes invoco hodie cœlum & terram, quòd proposuerim vobis vitam &

Ce commandement que je vous prescris aujourd'hui, n'est ni au dessus de vous, ni loin de vous.... Mais ce commandement est tout proche de vous ; il est dans votre cœur, afin que vous l'accomplissiez.... Je prends aujourd'hui à témoin le ciel

(*) Liberté de l'homme, possibilité de la loi clairement établie.

TEXTES.

& la terre, que je vous ai proposé la vie & la mort, la bénédiction & la malédiction. Choisissez donc la vie, afin que vous viviez, vous & votre postérité.

L'ame qui a péché, mourra elle-même. Si un homme est juste.... s'il marche dans la voie de mes préceptes, & garde mes ordonnances, pour agir selon la vérité; celui-là est juste, & il vivra très-certainement...(*) Si l'impie fait pénitence.... il vivra certainement, & il ne mourra point.... Convertissez-vous, & faites pénitence de toutes vos iniquités.... faites-vous un cœur nou-

mortem, benedictionem & maledictionem. Elige ergo vitam, ut & tu vivas, & semen tuum. *Deut.* 30. 11. 14. 19.

Anima quæ peccaverit, ipsa morietur. Et vir si fuerit justus.... in præceptis meis ambulaverit, & judicia mea custodierit, ut faciat veritatem, hic justus est, vitâ vivet... Si impius egerit pœnitentiam, vitâ vivet, & non morietur... Convertimini & agite pœnitentiam ab omnibus iniquitatibus vestris.... facite vobis cor novum & spiritum novum. Et quare moriemini, domus Israel? Quia

(*) Sans cesse Dieu rappelle le pécheur à la pénitence & à la vertu. Donc il est libre, ou bien ce langage de Dieu seroit illusion.

TEXTES.

nolo mortem morientis, dicit Dominus : revertimini, & vivite. Ezech. 18. 4. 5. 9. 21. 30. *& seqq.*

veau & un esprit nouveau. Pourquoi mourrez-vous, maison d'Israël ? Je ne veux point la mort de celui qui meurt, dit le Seigneur notre Dieu : retournez à moi, & vivez.

Quis est homo qui vult vitam, diligit dies videre bonos ?... Diverte à malo, & fac bonum. Pf. 33. 13. 15.

Qui est l'homme qui souhaite une vie heureuse, & qui desire de voir des jours comblés de biens ? .... Détournez-vous du mal, & faites le bien.

Domine, quis habitabit in tabernaculo tuo ? Qui ingreditur sine macula, & operatur justitiam. Pf. 14. 1. 2.

Seigneur, qui demeurera dans votre tabernacle ? ou qui reposera sur votre sainte montagne ? Celui qui vit sans tache, & qui pratique la justice.

Potuit transgredi, & non est transgressus ; facere mala, & non fecit. Eccli. 31. 10.

Il a pu violer le commandement de Dieu, & il ne l'a point violé ; il a pu faire le mal, & il ne l'a point fait.

Væ genti pecca-

Malheur à la nation

TEXTES.

pécheresse, au peuple chargé d'iniquité, à la race corrompue, aux enfans méchans & scélélats! Ils ont abandonné le Seigneur, ils ont blasphémé le Saint d'Israël, ils sont retournés en arriére.

trici, populo gravi iniquitate, semini nequam, filiis sceleratis! Dereliquerunt Dominum, blasphemaverunt Sanctum Israel, abalienati sunt retrorsùm. Is. 1. 4.

J'ai tendu les bras durant tout le jour à ce peuple incrédule & rebelle à mes paroles.

Totâ die expandi manus meas ad populum non credentem, & contradicentem. Rom. 10. 21.

Qu'ai-je dû faire de plus à ma vigne que je n'aie point fait? Est-ce que je lui ai fait tort, d'attendre qu'elle portât de bons raisins, au lieu qu'elle n'en a produit que de mauvais? Je vous montrerai ce que je m'en vais faire à ma vigne: j'en arracherai la haie, & elle sera exposée au pillage.

Quid est quod debui ultra facere vineæ meæ, & non feci ei? An quod expectavi ut faceret uvas, & fecit labruscas? Ostendam vobis quid ego faciam vineæ meæ. Auferam sepem ejus, & erit in direptionem. Is. 5. 4. 5.

(*) Les menaces & anathêmes contre le pécheur prouvent sa liberté.

TEXTES.

Nisi pœnitentiam habueritis, omnes similiter peribitis. *Luc.* 13. 3.

Si vous ne faites pénitence, vous périrez tous de même.

Perditio tua, Israel. *Of.* 13. 9.

Votre perte, ô Israël, ne vient que de vous.

Non invenient me, eò quòd exosam habuerint disciplinam, & timorem Domini non susceperint, nec acquieverint consilio meo, & detraxerint universæ correptioni meæ. *Prov.* 1. 28. & *seqq.*

Ils ne me trouveront point, parce qu'ils ont haï les instructions, qu'ils n'ont point embrassé la crainte du Seigneur, qu'ils ne se sont point soumis à mes conseils, & qu'ils n'ont eu que du mépris pour toutes mes remontrances.

Vocavi, & renuistis : extendi manum meam, & non fuit qui aspiceret. Despexistis omne consilium meum, & increpationes meas neglexistis. *Prov.* 1. 24. 25.

Je vous ai appellés, & vous avez refusé de venir : j'ai tendu la main, & personne ne m'a regardé. Vous avez méprisé tous mes avis, & négligé mes remontrances.

Jerusalem, Jerusalem, quæ occidis Prophetas, & lapidas eos qui ad te missi sunt; quoties volui con-

Jerusalem, Jerusalem, qui tues les Prophétes, & qui lapides ceux qui sont envoyés vers toi; combien

TEXTES.

de fois ai-je voulu raſſembler tes enfans ? .... & tu ne l'as pas voulu. *gregare filios tuos ?... & noluiſti. Matth. 23. 37.*

Têtes dures, hommes incirconcis de cœur & d'oreilles, vous réſiſtez toujours au Saint-Eſprit. *Durâ cervice, & incircumciſis cordibus & auribus, vos ſemper Spiritui ſancto reſiſtis. Act. 7. 51.*

LA liberté eſt l'auguſte privilége d'un être intelligent créé à l'image de Dieu. Tout autre être eſt aſſujetti à une néceſſité inévitable, les corps aux loix phyſiques, les animaux à l'inſtinct. L'homme diſpoſe de ſes actes ; & quoique guidé, conduit, aidé par des ſecours analogues à ſa nature, à ſes facultés, & à ſa deſtination, il a reçu de ſon Créateur le droit de choiſir & de motiver ſes œuvres. Telle eſt ſa gloire & ſa dignité, le germe actif de toutes ſes actions, la baſe de la morale & de la ſociété.

Quatre preuves radicales, auxquelles ſe rapportent toutes les autres. La nature même de la volonté, le ſentiment intime, la grandeur du cœur, ſes devoirs.

Dieu est la volonté suprême, prototype éternel de tout amour, de tout
choix, de toute liberté. L'homme a une
volonté formée à son image. Le même
rapport qui existe entre l'intelligence finie & l'intelligence éternelle, existe entre la volonté libre de Dieu & la volonté de l'homme. Dieu, en douant
l'homme de raison, par là même lui a
donné le pouvoir de discerner quelques
vérités; & quoique ce pouvoir soit infiniment au dessous de la raison suprême, il est réel cependant, il est
actif. De même, quoique la volonté
soit infiniment au dessous de la volonté
divine, elle a cependant sa propriété
essentielle, celle de vouloir : & la dis-
parité infinie n'en altére point la nature. Elle est bornée, faillible. Souvent elle choisit le mal par un abus déplorable : mais enfin elle conserve, malgré cet écart, tout ce qui constitue son
privilége & son essence.

Ainsi donc, comme il est de l'essence
de la volonté de vouloir, il l'est de vouloir librement. Tout acte est nécessairement analogue à son principe. Les
effets des corps sont physiques, les actes de l'esprit intelligens, & ceux de

la volonté libres. Si elle ne les choi-
fiſſoit pas , elle ne feroit plus volonté
réelle , puiſqu'elle n'agiroit que par un
canal étranger. Ce feroit le oui & le
non tout à la fois.

Mais admettre une faculté qui a la
force de produire fes propres actes,
n'eſt-ce pas donner atteinte aux droits
fuprêmes de Dieu ? Non : rien qui y
répugne à fa puiſſance : rien qui n'annonce fa grandeur : rien qui n'exprime
fa fageſſe & fa bonté.

Qu'y auroit-il en effet d'impoſſible
dans un être libre ? Dieu opére par une
voie infiniment ſimple , mais infiniment
féconde. Il forme une cauſe , & les
effets en naiſſent. Nous le voyons dans
la Phyſique. Une fois les loix établies
fur la lumiére , fur le mouvement , fur
l'action d'un fens , ces loix fubſiſtent ;
& de là une immenſité d'opérations. Depuis la naiſſance du monde le foleil
éclaire , le feu dévore , les yeux voient
les objets , chaque cauſe phyſique a ſon
effet ; & comme la cauſe vient de Dieu,
l'effet qui y eſt renfermé , quoiqu'il
naiſſe directement de fa cauſe , eſt égale-
lement attribué à Dieu.

Or les cauſes phyſiques nous donnent une juste idée des causes morales, en gardant la proportion de la différence des natures. Un être intelligent forme des raisonnemens, des combinaisons de vérités : une volonté produit ses actes, son choix ; & ces actes libres naissant d'elle, naissent en même temps du décret qui l'a formée telle. Loin de montrer une indépendance chimérique, ils exécutent en même temps la volonté de Dieu. Il implique, qu'il ait voulu, ordonné la cause, & qu'il ne veuille pas l'effet. Une faculté active n'est pas plus impossible dans l'intellectuel que dans le physique. rien ne nous peint mieux la fécondité de l'esprit & du cœur, que l'activité sûre & constante de toutes les loix de la nature. Le corps est mû, l'esprit pense, le cœur veut. En tout genre la faculté & l'opération, c'est la conséquence & le principe.

L'être libre, loin d'altérer le domaine de Dieu, loin de déroger à sa grandeur, la publie, est lui-même une merveille supérieure à toutes les autres merveilles créées. Tant de corps qui forment l'harmonie de l'univers matériel, annoncent sa gloire : les végétaux offrent un deffein fupérieur encore, les animaux un inftinct plus admirable : chacun de ces êtres ajoute au fpectacle & à la variété de la nature. Mais le genre le plus noble, c'eft celui des cœurs : il retrace plus parfaitement l'augufte reffemblance avec Dieu.

Et pourquoi y trouver dans ce genre fpirituel & actif une oppofition quelconque à fon fouverain domaine ? Seroit-il donc plus grand, s'il n'avoit créé que des corps, s'il étoit le feul être intellectuel ? C'eft précifément en créant les efprits qu'il a manifefté fa gloire, qu'il a animé en quelque forte les corps eux-mêmes & tout l'univers : il feroit muet & ftérile, s'il n'y avoit point d'adorateurs. Ainfi les êtres libres peignent la gloire **de Dieu** fous de nouveaux traits : non-feulement leur nature feule eft un ouvrage fublime, parfait dans fon genre ; mais en s'attachant librement à leur principe, ils l'honorent avec plus de dignité & de mérite ; ils lui offrent un hommage d'autant plus pur, qu'il naît de fidélité & d'amour.

D'ailleurs la liberté eft un pur don de Dieu : quoique attachée à la nature d'un être intelligent qui doit parvenir à sa fin par ses œuvres ; l'être, aussi bien que la prérogative de l'être, vient de Dieu. C'est par un décret gratuit qu'il l'a tiré du néant, qu'il lui a imprimé l'intelligence & la liberté. Ce privilége n'égale en rien les caractéres divins de sa liberté suprême & incommunicable : c'est simplement une faculté active capable de produire des actes analogues à sa nature bornée : faculté dépendante dans son exercice même des secours essentiels, sans lesquels elle ne peut agir. Il est donc constant que la liberté humaine, loin d'offenser le domaine de Dieu, l'exalte & l'honore : son empire sur elle & sur ses actes est aussi souverain, (quoique par des voies toutes différentes) qu'il l'est sur le néant.

C'est là où brille sa sagesse ineffable. Que Dieu arrange à son gré les astres, les élémens, les végétaux, rien d'étonnant : une loi de mouvement suffit. Mais que par des moyens secrets, des lumiéres, des motifs, des impressions, il gouverne des êtres libres : qu'il dispose de leurs actes avec connoissance & certitude : que sans gêner en rien les priviléges de leur nature & de leurs facultés, il accomplisse ses desseins avec une justesse infaillible ; voilà le caractére d'une sagesse infinie. Créateur & maître absolu de tous les genres d'êtres, Dieu les conduit par des voies proportionnées. Le genre des cœurs est le plus noble ; c'est là où sa providence signale son opération vraiment divine. Il donne à la volonté des secours intimes, secrets, puissans : secours qui entrent en quelque sorte dans le fond de son être, qui sçavent en extraire le choix : secours qui en remplissant les desseins de Dieu, lui laissent en même temps sa libre destination.

Enfin la liberté signale la bonté de Dieu. En nous destinant le bonheur, il veut nous le donner sous un double titre de bienfait & de mérite. Tout y est gratuit de sa part, & l'être, & la destination, & les moyens. Le mérite n'est que la fidélité aux conditions prescrites, fidélité encore qui est le fruit de la grace : mais enfin la volonté agit réellement, & sa docilité est un nouveau titre de gloire. Ainsi sous quelle face qu'on envisage la faculté active du cœur de l'homme, non-seulement rien n'y donne atteinte au droit suprême du Créateur ; mais tout nous y offre un rapport marqué avec ses perfections.

Il y a plus encore : cette liberté est tellement conforme aux desseins de Dieu, que si elle n'existoit pas, l'ordre, la sagesse n'existeroient plus sur la terre. En effet si l'homme n'étoit pas libre, il n'y auroit dans ce genre d'êtres spirituels que destin, fatalité. Nos actions quelconques seroient comme les effets nécessaires des loix physiques. Dès-lors ou l'homme seroit fixé essentiellement au bien, & alors il seroit impeccable par nature, ce qui implique ; ou il seroit attaché au mal, & alors il seroit pervers par nature, ce qui est horrible. C'est blasphémer Dieu que de dire qu'il peut créer de tels êtres.

D'après ce systême impie, Dieu seroit auteur de tous les crimes qui ravagent la terre ; puisqu'en formant les cœurs, il auroit formé les causes du crime ; que ces causes en apparence ne le seroient non plus que les loix physiques relativement à leurs effets. Ainsi donc Dieu seroit tout à la fois l'auteur de l'ordre & du désordre, de la loi & de la transgression : les mêmes

actes feroient tout à la fois divins & injuftes, faints & terreftres : on y verroit le
vice & la vertu, l'action de Dieu, & l'égarement de l'homme : tout y préfenteroit
la contradiction la plus folle & la plus
impie. Le fyftême des deux principes
de Mânès étoit une impiété & une extravagance. Cependant l'invention en
étoit néceffaire, lorfqu'il vouloit ôter
la liberté. Il eft encore plus horrible
d'attribuer le crime à un Dieu bonté
& fainteté par effence, que d'imaginer
un mauvais principe feul auteur du
mal.

Admet-on la liberté ? Dès-lors tout
change de face : cette faculté n'a rien
que de noble & de réglé : elle décore,
elle éleve l'homme ; mais enfin l'exercice dans un être faillible, peut être
défectueux : ainfi diftingue-t-on dans
le même acte ce qui vient de Dieu,
& ce qui vient de l'homme. Le pouvoir eft un don précieux du Créateur :
l'acte un trait de fidélité ou d'égarement. Ce difcernement rétablit l'ordre & l'équité, il juftifie la fainteté
& la providence de Dieu. Dès-
lors plus de chaîne & de fatalité :
cette combinaifon infinie d'œuvres qui

varient

varient la scène de ce monde, annonce des principes actifs qui tous se
décident suivant leur choix. De là une
multitude de désordres : mais l'iniquité
fut-elle plus répandue encore, Dieu est
toujours saint & inaltérable : sous ce
cahos d'injustice, il sçait accomplir
toute la sagesse & toute la profondeur
de ses desseins.

La liberté de l'homme se tire donc
d'une faculté active attachée à sa nature : elle fait son privilége & sa gloire, sa vertu & son bonheur, dès-lors
qu'il en suit le motif & l'esprit ; comme elle cause son opprobre & sa perte, dès qu'il en abuse. Elle se tire encore de son sentiment intime, preuve
secrette, mais puissante & décisive.
Nous sentons que nous sommes libres,
& nous le sentons d'une maniére vive
& palpable : quand nous voudrions
l'obscurcir, en douter, nous croire sous
le joug d'une nécessité aveugle, nous
ne pourrions étouffer le cri de notre
cœur. Oui, un simple regard sur notre
être & nos œuvres, nous montre que
nous sçavons chercher, discerner les motifs, les apprécier, les combiner, choisir notre route, nos œuvres ; & tout

Tome I. K

cela nous le fentons fi vivement, que
nous ne pouvons non plus en douter,
que de notre propre exiftence.

Pour établir toute la force de cette
preuve, examinons ce que c'eft qu'un
fentiment intime du cœur. Nous avons
tous le defir du bonheur, defir ardent,
univerfel, néceffaire : donc le bonheur
nous eft deftiné, proportionné : il
implique qu'un Dieu, qui eft la bonté,
la vérité même, nous trompe éternél-
lement par un defir chimérique. Nous
avons des fenfations : elles nous affu-
rent de l'exiftence & de la propriété
des corps. Il implique qu'un Dieu qui
eft la majefté & la grandeur, nous faffe
une illufion perpétuelle, & nous joue
par une fcène puérile. Ces démonftrations morales font les mêmes pour la
liberté. Nous fentons que nous fommes
libres, nous le fentons tout auffi vivement que le defir du bonheur ou l'exiftence des corps. En nous repliant fur
nous-mêmes, le regard vif & affuré
des motifs & des œuvres, la combinaifon réfléchie, le choix conforme à nos
penchans & à nos goûts, tout cela eft
fi réel, fi lumineux, fi intime, qu'on
ne peut oppofer aucun doute, même

involontaire à cette évidence. Ainsi comme il implique métaphysiquement que Dieu nous trompe par le sentiment illusoire du bonheur ou des sensations, il implique qu'il nous trompe par celui de la liberté. Si ce n'étoit là qu'une opinion particuliére, l'induction auroit moins de force ; mais un sentiment général attaché à l'être même de l'homme vient de Dieu lui-même : il ne peut être faux. Rien d'ailleurs n'est plus conforme à la dignité de l'ame, à sa fin, & à tout ce que sa raison lui présente.

Non-seulement ce sentiment est vif & universel, mais c'est la base des projets, des leçons, des loix, des motifs, des promesses, des menaces, de tout enfin ce qui forme nos œuvres & la société. Dire qu'un tel sentiment est illusoire, c'est démentir, c'est outrager la vérité, l'équité, la sagesse & la bonté de Dieu même. Il seroit aisé d'étendre ce raisonnement, de montrer toute l'importance du *sentiment de la liberté*, d'en détailler le rapport nécessaire avec tout ce qui existe ici-bas ; mais le premier regard saisit la force & la justesse de cette idée.

Troisiéme *racine* de la liberté, la grandeur du cœur : elle eſt étonnante, & en quelque ſorte immenſe. Tout eſt borné dans les êtres : ils n'ont tous chacun dans leur genre qu'une ſphère étroite. L'univers même a ſes limites ; il n'eſt qu'un point dans l'étenduë poſſible : le cœur ſeul eſt ſans bornes. Le deſir de la félicité, c'eſt le fond même de ſon être ; mais ce deſir eſt ardent, eſt infini : rien ne le remplit. Semblable à un feu, toujours dévorant, toujours ſubſiſtant, les objets même qu'il poſſéde ſemblent s'anéantir dans ſon ſein, & rallumer encore ce deſir plus ardent d'être heureux.

Or quoique rien ne ſoit plus vif, plus inévitable que ce deſir, c'eſt par là même que le choix des objets & des moyens de félicité n'en eſt que plus libre, tous lui étant ſubordonnés, & aucun ne lui offrant la plénitude. Employons un parallele tiré de Dieu même. Sans être d'une préciſion géométrique, il diſpoſe cependant pour la liberté. Dieu eſt néceſſairement aſtreint au bien par l'excellence de ſa nature ; mais malgré cette néceſſité, ſes opérations extérieures ſont libres, nul objet créé ne

pouvant les décider. De même l'homme est par sa nature même fixé au desir du bonheur ; mais il ne l'est pas aux
objets qui peuvent le lui procurer : la
trempe & la capacité de son être l'é-
leve au dessus, & lui assure un choix
libre.

Pour atteindre le bonheur ici bas,
il est deux routes ; & ni l'une ni l'autre ne peut décider irrévocablement le
cœur. Les uns cherchent un bonheur
d'ordre & de sagesse avec l'espérance
d'une félicité future : les autres se bor-
nent à une félicité présente & sensuelle.
Toutes les œuvres quelconques rentrent
dans une de ces carriéres, & rien n'y
forme un poids invincible.

Il n'y a que la vuë claire de Dieu,
& sa possession dans le ciel, qui puisse
absorber la liberté, en montrant au
cœur cette félicité par essence, où *il se
précipite*, si on peut ainsi parler. Sur
la terre la connoissance de Dieu est
foible, est obscurcie encore par les
sens, les ténébres, les préjugés. L'a-
mour de Dieu est balancé, est combattu
par l'amour des biens sensuels : sa loi
a des peines, des amertumes ; loin
qu'elle entraîne nos cœurs, il faut,

pour la fuivre, détruire nos penchans les plus chéris. Ainfi donc la Religion fur la terre ne peut nous foumettre inévitablement : elle a fes motifs, fes fecours, fes confolations ; mais elle a fes obftacles.

Son plus grand avantage eft donc l'attente des biens immortels. Mais enfin on ne les voit pas, on ne les goûte pas, on les efpére feulement. Cette idée ne chaffe pas toujours la réalité des biens fenfibles. D'ailleurs en goûtant ceux-ci, on fe promet par une illufion favorable, par un plan imaginaire & éloigné de pénitence & de vertu, de recouvrer ceux-là. Il eft donc conftant que les liens, qui pendant cette vie nous uniffent à Dieu, ne peuvent impofer aucune néceffité au cœur : il lui eft libre, il lui eft facile d'y réfifter, & il n'y réfifte que trop fouvent.

D'un autre côté les biens quelconques de la terre ne peuvent nous entraîner. Malgré la foibleffe & la dégradation de la nature, malgré l'afcendant des objets fenfibles, malgré les traces profondes de féduction & de déréglement qu'ils ont imprimées dans nous, la liberté n'eft pas moins réelle. 1°. Nul bien créé ne peut captiver la volonté : quoique doux & senfuels ces biens, ils font trop minces pour offrir à un être vafte & immortel fa félicité derniére. Un germe de mifére & de vanité qui leur eft effentiel, contrebalance leur poids. 2°. Nul bien créé, qui fous la douceur ne préfente de l'amertume. Si le vice a fes plaifirs, il a fes ennuis, fes dégoûts, fes remors, fes craintes. 3°. Nul bien créé dont l'illufion ne foit affoiblie, combattue, détruite par des lumiéres & des fecours fupérieurs, fi l'homme en veut faire ufage. Quelque impreffion que le vice faffe, la vérité, la raifon parle : une mefure de fecours, toujours relative aux befoins, aux dangers, peut brifer les liens les plus féduifans. 4°. Enfin fi d'un côté les biens créés offrent un bonheur fenfuel & funefte, de l'autre la vertu étale fa rectitude, fa gloire, fa douceur, fa paix, fes fruits, fes efpérances : tant d'autres avantages fecrets, mais vifs & réels, compenfent l'agrément de quelques plaifirs déréglés, & arrachent à ce fonge flateur les cœurs fenfés & judicieux.

Concluons : il eft contre la nature

de l'état actuel, & d'une vie obfcure, foible, paffagére, d'être entraîné invinciblement par le premier Etre ; parce qu'on ne le voit pas, on ne le goûte pas tel qu'il eft : des nuages & des amertumes nous cachent cette vérité, cette félicité par effence. Il eft contre la nature des chofes que des biens créés néceffitent un cœur deftiné au bien fuprême. Qu'il foit flatté, follicité, féduit, jamais il ne fera décidé irrévocablement par des illufions. Ainfi de l'obfcurité du bien par effence d'un côté, & de l'autre de la foibleffe des biens fenfibles, l'on conclut avec certitude la liberté de l'homme. Sans doute elle a des ombres : il en eft dans les opérations de la grace, dans la nature des fecours : il en eft dans la féduction des biens créés, dans la pente vive & rapide des cœurs terreftres. Mais ces ombres ne peuvent obfcurcir les lumiéres fûres & certaines qui naiffent de deux principes certains. *Dieu ne veut pas fur la terre entraîner les cœurs, & les créatures ne le peuvent pas.*

La liberté fe prouve enfin par la loi divine impofée à l'homme. Il eft une loi phyfique pour les corps, leur arrangement, leur mouvement, leur combinaison : sans la connoître, ils y sont soumis inévitablement. Le soleil pourroit-il changer son cours, ou le feu ne pas brûler ? Il est une loi métaphysique qui regarde l'essence des êtres spirituels. L'intelligence a pour objet nécessaire la vérité; & la volonté, celui du bonheur. Ces tendances sont inséparables de toute substance pensante.

Mais il est une loi morale : la volonté suprême de Dieu qui veut que tous les êtres spirituels soient conformes à l'ordre ; & cette loi suppose nécessairement leur liberté. Car enfin Dieu, sagesse & équité, pourroit-il imposer une loi morale aux êtres inanimés & végétatifs ? Pourroit-il l'imposer aux animaux, & leur annoncer le Décalogue ? On sent l'absurde de cette hypothèse. Or il l'impose aux hommes : donc ils sont libres, ou bien la loi ne seroit qu'illusion & mensonge.

En effet présentons la, cette loi adorable, sous toutes les faces : aucune, sous laquelle elle ne renferme un caractére d'absurdité & d'injustice, si l'homme n'est pas libre. La loi montre la sagesse & la vertu : elle appelle, elle exhorte,

elle réunit les lumiéres, les avis, tout
ce qui peut faire impreſſion ſur des
cœurs éclairés : & cet étalage de leçons eſt illuſoire, ſi elles ne ſont pas
poſſibles, ſi l'homme entraîné par la
fatalité eſt un agent purement paſſif.
Un légiſlateur ſenſé peut-il annoncer
une morale chimérique ?

La loi juge & condamne le tranſgreſ-
ſeur ; & rien n'eſt plus injuſte, s'il n'a
pas pu l'accomplir. Car enfin être coupable, c'eſt violer librement un devoir, un lien moral. Attribuer ce caractére de révolte à un être qui n'a
fait que ce qu'il n'a point pu ne pas
faire, c'eſt aller contre toutes les régles
de l'équité. Ainſi plus de crimes dans
les actions les plus injuſtes en apparence. Tout y vient d'une loi de providence immuable. Il y auroit donc dans
tous ces crimes prétendus un double
déréglement (quel blaſphême !) impu-
table à leur auteur. L'un d'avoir lié
leurs facultés avec des traits de déſordre, l'autre de faire retomber ſur l'inſ-
trument paſſif le blâme de ces déſor-
dres.

La loi attache un châtiment aux
tranſgreſſions. Tout châtiment ſuppoſe

une œuvre puniffable commife avec malice & réfléxion. Les crimes ne font point tels, dès qu'on n'a pas pu les éviter. Le tigre, en dévorant fa proie, fuit fon inftinct : l'homme, en égorgeant fon femblable, étouffe de vifs remors. D'où cette différence ? De la liberté : fans cette liberté les prétendus coupables ne peuvent avoir ni regrets, ni remors. Comment fe repentir d'une faute involontaire qui ne vient point de nous ? Comment Dieu puniroit-il ce que lui-même a mis dans notre cœur ?

La loi accable de blâme & d'opprobre les prévaricateurs ; elle comble de gloire les gens vertueux : & dans ce fuffrage tout eft fans équité , fans jufteffe. On n'accufera jamais une montre de fes irrégularités , comme on ne lui donnera jamais le mérite de fa précifion : la gloire ou le blâme ne conviennent qu'à l'artifte. Ainfi dès que les volontés humaines font liées à un cercle qui décide leurs actes , il n'eft plus queftion ni de louer leurs vertus, ni de condamner leurs vices. Si la vertu eft conforme aux perfections de Dieu, fi le vice leur eft oppofé , ces rapports ne font relatifs qu'à Dieu, & non à l'homme qui n'a suivi sa carriére que par nécessité, & qui dès-lors ne mérite ni louange ni reproche.

La Loi promet des récompenses immortelles. Or si l'homme n'est pas libre, la promesse n'est qu'une dérision. Elle porte sur une condition impossible, sur la pratique des œuvres qui ne dépendent pas de nous. En ôtant la liberté, il implique qu'un Dieu *vrai* fasse des promesses conditionnelles, puisque la condition apposée dépend de lui seul.

Ainsi donc notre liberté est nécessairement liée avec la loi de Dieu : & comme cette loi dans son autorité, dans sa sagesse, dans sa vérité, dans son équité, dans sa terreur, est d'une certitude immuable, la liberté a la même certitude. Il est métaphysiquement certain que Dieu ne peut nous tromper en nous donnant ses loix, en nous exhortant à y être fidéles ; qu'il ne peut nous tromper, ni dans les remors dont il nous pénétre, ni dans les maux dont il nous menace, ni dans les récompenses qu'il nous promet. Donc il est métaphysiquement certain que la liberté existe ; parce que, si elle

n'exiſtoit pas, ſi ce vif ſentiment n'é-
toit qu'une illuſion, la loi ne ſeroit
qu'un nom ſans réalité , le crime un
égarement imaginaire , les remors un
préjugé puéril , les menaces une crainte
panique, les promeſſes un menſonge,
la Religion entiére une ſcène & un jeu.

La liberté ſe démontre également par
les loix humaines, toutes appuyées ſur
les loix divines qui en ſont la ſource,
le lien, la force : car enfin il eſt une
ſociété, des thrônes, des tribunaux.
Par tout l'univers, & dans tous les ſiécles on a employé, pour former de bons
citoyens, les avis, les promeſſes, les
menaces, les ſupplices mêmes. Or ſi
l'homme n'eſt pas libre, que ſont les
loix les plus fondamentales de toute
patrie quelconque ? Délire, injuſtice,
cruauté. D'abord comme il ſeroit extravagant de vouloir courber, diriger, tailler
une plante par l'inſtinct, parce qu'elle
n'eſt ſuſceptible que des loix phyſiques :
comme il ſeroit extravagant de conduire
les bêtes par des leçons morales, puiſque
l'inſtinct ſeul les guide, & qu'elles ſont
incapables de ſentimens ſpirituels ; il ſeroit de même extravagant de propoſer
à l'homme des motifs d'équité & d'au-

torité législative , si n'étant pas libre, il n'en est pas susceptible. L'ensemble des loix , des mesures de prudence & de politique , de tout ce qui est établi pour former les citoyens , seroit une pure dérision. L'homme étant enchaîné par sa fatalité , il n'est pas plus conséquent de vouloir le régler, que d'imposer la douceur aux lions , la bonté aux singes , & l'équité aux loups.

Les loix sont injustes, & même cruelles : elles punissent par le fer & le feu ceux qui les violent. Or quelle barbarie, si les hommes, uniquement déterminés par un destin ou par des organes corporels ont été entraînés dans ces actions ! Tant de scélerats prétendus, immolés sur les échafauds, ne sont que des victimes infortunées , qu'on punit des forfaits qu'ils n'ont commis que par une force majeure & inévitable.

Preuve évidente de cette injustice & de cette cruauté : pourquoi ne punit-on pas les foux ? Parce que, quand même ils nuiroient à la société, ils le font sans réfléxion : c'est la liberté seule qui les distingue des incendiaires ou des meurtriers. On épargne , on plaint ceux-là ; on fait expirer ceux-ci dans les supplices. Un fort fi différent pour des faits également deftructeurs prouve que les loix fuppofent effentiellement la liberté.

En vain pour combattre une vérité capitale, fondement de toute Religion & de toute fociété, une vérité que la nature & l'activité du cœur, que fon fentiment intime, que fa grandeur & fes devoirs démontrent ; voudroit-on l'environner de ténébres. La faine raifon détruit bien-tôt les fophifmes les plus fpécieux : elle nous apprend que ni la force des paffions, ni la prefcience de Dieu, ni fes décrets, ne donnent aucune atteinte à notre libre choix.

On ne peut nier que les traces profondes d'une paffion n'ayent un afcendant marqué fur le cœur, ne forment fa pente rapide. Mais malgré ce poids qui femble entraîner la balance, l'ame eft toujours maîtreffe de fes actes : elle a des moyens pour vaincre une impreffion, qui d'ailleurs a fa tige dans le cœur lui-même. Nulle paffion contre laquelle les réfléxions, les lumiéres, les fecours, les motifs, ne puiffent nous armer, fi nous voulons fincérement la vaincre : & tout acte qu'elle produit, eft très-lé-

gitimement imputé à la feule volonté.
Son excufe fur cet objet feroit ridicule.
Les loix abfoudroient - elles le coupable
qui allégueroit la violence, la néceffité
de fa paffion ? Prouveroit-il par-là qu'il
a agi fans liberté ? Non , un fuffrage
univerfel décide que toute action humaine eft vraiment libre ; que rien ne
peut juftifier celui qui s'écarte de la loi.
Il démentiroit fecrétement fon apologie
prétendue , & il s'accufe vivement alors
même qu'il ofe s'excufer.

La difficulté tirée de la prefcience
qui prévoit infailliblement nos actes ,
n'eft pas plus réelle. Pour s'en convaincre , il n'y a qu'à comparer le regard
de Dieu fur les actes futurs, à nos regards , fur les actes préfens. Ce parallele ,
quoiqu'il ne rende pas affez noblement
la nature de la prévifion divine , prouve
cependant fon accord avec notre liberté.
Si je vois un acte libre , il exifte infailliblement : ma vuë n'y influe en rien :
feulement elle attefte que l'objet exifte.
& elle l'attefte avec une certitude immuable ; parce qu'il eft impoffible , que
le voyant il n'exifte pas ; ou bien il
feroit , & tout à la fois il ne feroit pas.
La néceffité ou plutôt la certitude eft

purement conféquente à la liberté.

Il eft précifément de même de la pre-fcience divine. Dieu qui d'un feul ré-gard fixe l'éternité toute entiére, voit les objets futurs comme nous voyons les préfens. Ainfi fa prévifion, quoi-que infaillible, n'influe en rien dans la caufe ou dans l'exiftence de ces objets: ce qui eft néceffaire, elle le voit tel: ce qui eft libre, elle le voit tel. Comme il implique qu'un objet foit futur, & ne le foit pas tout à la fois ; s'il doit être futur, Dieu le voit ; s'il ne doit pas l'être, Dieu voit qu'il ne fera pas : mais fon exiftence ou fa non-exiftence vient d'une caufe libre, & non des regards éternels. Preuve fenfible que la prévifion ne donne aucune atteinte à la liberté ; c'eft que dans la conduite de la vie, en tout ce qui regarde la fociété, on agit précifément comme fi Dieu ne pré-voyoit rien : on fçait très-bien que cette prévifion ne détruit pas nos actes libres. Pourquoi donc en fait d'œuvres mora-les la prefcience ôteroit-elle la li-berté ?

Les décrets même de Dieu, quoi-qu'ils difpofent fouverainement des créatures, laiffent leur liberté intacte.

Ici nous n'entreprenons pas de difcuter leur nature, leur profondeur : bornons-nous à cette penfée qui allie & la majefté du domaine de Dieu fur les cœurs, & la liberté de leur choix. Dieu eft l'être infiniment fimple : cependant il eft dans lui des décrets, qui, quoique tous éternels, naiffent l'un de l'autre, font conféquens l'un à l'autre : décrets que nous devons envifager féparément, & dont l'accord adorable annonce celui des objets que Dieu prefcrit, exécute. Il forme un décret de créer des êtres libres. Que de prodiges déja renfermés dans cette volonté fuprême ! Quelle bonté, quelle puiffance, quelle fageffe, quelle fécondité ! Ce décret durera les fiécles, & rien n'y donnera atteinte. D'après ce plan irrévocable, il porte d'autres décrets d'exécuter tels ou tels deffeins relatifs à la volonté de l'homme, de les lui faire opérer. Quelque immuables que foient ces décrets poftérieurs, celui de la liberté n'eft pas moins infaillible, il fubfifte : refte à le concilier.

Dieu ayant une fageffe & une puiffance infinie fur tous les genres d'êtres, même fur les cœurs, a des moyens in-

finis pour aider, pour extraire leurs opérations, & toujours d'une maniére analogue à leur nature. Ayant formé
l'homme libre, il implique qu'il nuife
à fa liberté par des loix ou des fecours
néceffaires, puifqu'il détruiroit fon propre ouvrage : il faut donc fuppofer ce
double deffein fage, analogue, & exécuté par des voies qui les foutiennent
mutuellement. Déja ces voies nous pouvons les connoître en partie : nous fçavons que par des lumiéres & des fecours,
que par une prefcience infinie, Dieu a
tout pouvoir fur des êtres libres. Cette
feule connoiffance fuffit pour nous montrer l'accord de la liberté de l'homme
& des décrets de Dieu. Cet accord ne
nous paroît difficile, que parce que
nous ignorons la nature des voies de
Dieu fur les cœurs : nous voudrions les
comparer aux mouvemens & aux opérations néceffaires que nous connoiffons,
& rien n'eft moins analogue. Il y a
plus : quand même ce nœud fecret nous
échaperoit ; quand nous ne pourrions
le comprendre, il n'en feroit pas moins
réel. Dieu ayant une fois décrété de
former l'homme libre, nul autre décret
poftérieur ne peut l'altérer : il a des

moyens infinis pour les concilier : nous devons donc, en adorant ce double décret, adorer le nœud ineffable qui les unit. Nulle impossibilité, nulle difficulté même dans cette union, dès-lors qu'elle est arrangée, exécutée par un Etre infini.

On dira peut-être que par là on suppose ce qui est en question, *la liberté.* Non, on ne la suppose point, puisqu'on la prouve par des argumens en tout genre. La question de *la nature & des décrets* n'est pas si certaine : sur cet objet il y a diverses opinions. Sans les discuter, admettons, si on veut, la plus stricte : quelque puisse être le décret sur les actes futurs, n'importe, aucun, dès qu'il émane réellement de Dieu, dont on ne puisse & dont on ne doive prononcer l'accord le plus parfait avec la liberté ; puisque cette liberté est elle-même établie par un décret également auguste. Ainsi rien ne peut altérer cette vérité immuable, cette vérité qui fait la gloire & le privilége de l'homme, l'appui essentiel & de la Religion & de la société.

SECTION TROISIÉME.

Immortalité de l'ame.

TEXTES.

EGo congregor ad populum meum. *Gen.* 49. 29.

Scio quôd Redemptor meus vivit, & in novissimo die de terra surrecturus sum, & rursum circumdabor pelle meâ, & in carne mea Deum meum ; quem visurus sum ego ipse, & oculi mei conspecturi sunt, & non alius. Reposita est hæc spes mea in sinu meo. *Job.* 19. 25. *& seqq.*

JE vais être réuni à mon peuple. (*)

Je sçais que mon Rédempteur est vivant, & que je ressusciterai de la terre au dernier jour, que je serai encore revêtu de cette peau, que je verrai mon Dieu dans ma chair, que je le verrai, dis-je, moi-même, & non un autre ; & que je le contemplerai de mes propres yeux. C'est là l'espérance que j'ai , & qui reposera toujours dans mon cœur.

(*) L'immortalité de l'ame clairement exprimée dans les anciens oracles : toujours elle a fait la foi & l'espérance des justes.

TEXTES.

Ils feront éternellement remplis de joie, & vous habiterez dans eux.

In æternum m exultabunt, & x habitabis in eis. Pf. 5. 12.

Heureux ceux qui demeurent dans votre maifon, Seigneur : ils vous loueront dans tous les fiécles.

Beati qui habitant in domo tua, Domine : in fæcula fæculorum laudabunt te. Pf. 83. 5.

Vous êtes mon efpérance, & mon partage dans la terre des vivans.

Tu es fpes mea, portio mea in terra viventium. Pf. 141. 6.

Leur efpérance eft pleine de l'immortalité qui leur eft promife.

Spes illorum immortalitate plena eft. Sap. 3. 4.

Quand le jufte mourroit d'une mort précipitée, il fe trouveroit dans le repos.

Juftus, fi morte præocupatus fuerit, in refrigerio erit. Sap. 4. 7.

Les ames des juftes font dans la main de Dieu, & le tourment de la mort ne les touchera point. Ils ont paru morts aux yeux des infenfés, leur fortie du monde a paffé pour un comble d'affliction,

Juftorum animæ in manu Dei funt & non tanget illos tormentum mortis. Vifi funt oculis infipientium mori, & æftimata eft afflictio exitus illorum ; & quod à nobis eft iter,

TEXTES.

exterminium : illi autem funt in pace.... Fulgebunt jufti, & tanquam fcintillæ in arundineto difcurrent. Judicabunt nationes, & dominabuntur populis; & regnabit Dominus illorum in perpetuum. *Sap.* 3. 1. *& feqq.*

& leur féparation d'avec nous pour une entiére ruine ; mais cependant ils font en paix.... Les juftes brilleront , & ils étincelleront comme des feux qui courent au travers des rofeaux. Ils jugeront les nations , & ils domineront les peuples ; & leur Seigneur régnera éternellement.

Jufti in perpetuum vivent, & apud Dominum eft merces eorum. *Sap.* 5. 16.

Les juftes vivront éternellement : le Seigneur leur réferve leur récompenfe.

Deus creavit hominem inexterminabilem, & ad imaginem fimilitudinis fuæ fecit illum. *Sap.* 2. 23.

Dieu a créé l'homme immortel , & il l'a fait pour être une image qui lui reffemblât.

Filii Sanctorum fumus , & vitam illam expectamus quam Dominus

Nous fommes enfans des Saints, & nous attendons cette vie (*) que

(*) La vie future l'efpérance & la joie du jufte.

TEXTES.

Dieu doit donner à ceux qui ne violent jamais la fidélité qu'ils lui ont promise.

L'homme s'en ira dans la maison de son éternité.

Vous nous faites perdre, ô très-méchant Prince, la vie présente; mais le Roi du monde nous ressuscitera un jour pour la vie éternelle, après que nous serons morts pour la défense de ses loix.

Toute cette multitude de ceux qui dorment dans la poussiére de la terre, se réveilleront, (*) les uns pour la vie éternelle, & les autres pour un opprobre éternel qu'ils auront toujours devant les yeux.

daturus est his qui numquam fidem suam mutant ab eo. *Tob.* 2. 18.

Ibit homo in domum æternitatis suæ. *Eccles.* 12. 5.

Tu quidem, sceleftiffimè, in præfenti vita nos perdis ; fed Rex mundi defunctos nos pro fuos legibus in æternæ vitæ refurrectione fufcitabit. *II. Machab.* 7. 9.

Multi de his qui dormiunt in terræ pulvere, evigilabunt, alii in vitam æternam, & alii in opprobrium, ut videant semper. *Dan.* 12. 2.

(*) Les hommes destinés à la résurrection & à l'immortalité.

Quid

TEXTES.

Quid prodeft homini fi mundum univerfum lucretur, animæ verò fuæ detrimentur patiatur ? Aut quam dabit homo commutationem pro anima fua ? *Matth.* 16. 26.

Qui manducat carnem , & bibit meum fanguinem, habet vitam æternam ; & ego refufcitabo eum in noviffimo die. *Joan.* 6. 55.

Refurget frater tuus. Dicit ei Martha : Scio quia refurget in noviffimo die. Dicit ei Jefus : Ego fum refurrectio & vita. Qui credit in me , etiam fi mortuus fuerit , vivet : & omnis qui vivit & credit in me , non morie-

Que ferviroit-il à un homme de gagner tout le monde, & de perdre fon ame ? (*) Ou par quel échange l'homme pourra-t-il racheter fon ame après qu'il l'aura perdue ?

Celui qui mange ma chair , & boit mon fang, a la vie éternelle ; & je le refufciterai au dernier jour.

Votre frere refufcitera. Marthe lui dit : Je fçai qu'il refufcitera en la réfurrection qui fe fera au dernier jour. Jefus lui répartit : Je fuis la réfurrection & la vie. Celui qui croit en moi , quand il feroit mort, vivra : & quiconque vit & croit en

(*) La réfurrection & l'immortalité plus vivement encore exprimées dans les oracles Chrétiens.

Tome I. L

TEXTES.

moi, ne mourra point à jamais.

tur in æternum. Joan. 11. 23. & seqq.

Mon Royaume n'est pas de ce monde.

Regnum meum non est de hoc mundo. Joan. 18. 36.

Vous serez aujourd'hui avec moi en paradis.

Hodie mecum eris in paradiso. Luc. 23. 43.

Celui qui hait sa vie en ce monde, la conserve pour la vie éternelle.

Qui odit animam suam in hoc mundo, in vitam æternam custodit eam. Joan. 12. 25.

Ceux qui auront fait de bonnes œuvres, sortiront des tombeaux pour ressusciter à la vie : mais ceux qui en auront fait de mauvaises, en sortiront pour ressusciter à leur condamnation.

Procedent qui bona fecerunt, in resurrectionem vitæ ; & qui mala egerunt, in resurrectionem judicii. Joan. 5. 29.

Pour ce qui est de la résurrection des morts, n'avez-vous point lû ces paroles que Dieu vous a dites : Je suis le Dieu d'Abraham, le Dieu d'Isaac, & le Dieu de Ja-

De resurrectione autem mortuorum, non legistis quod dictum est à Deo dicente vobis : Ego sum Deus Abraham, & Deus Isaac, & Deus Jacob ? Non est Deus mortu-

TEXTES.

sum , sed viven-
tium. *Matth. 22.*
31. 32.

Salvatorem ex-
pectamus Domi-
num nostrum Je-
sum Christum qui
reformabit corpus
humilitatis no-
stræ , configura-
tum corpori cla-
ritatis suæ. *Phi-*
lipp. 3. 20.

Scimus quo-
niam si terrestris
domus nostra hu-
jus habitationis
dissolvatur, quòd
ædificationem ex
Deo habemus ,
domum non ma-
nufactam, æter-
nam in cœlis.
II.Cor. 5. 1.

Omnes nos ma-
nifestari oportet
ante tribunal Chri-
sti , ut referat
unusquisque pro-
pria corporis ,
prout gessit , sive
bonum , sive ma-
lum. *II. Cor. 5.*
10.

cob ? Or Dieu n'est point
le Dieu des morts , mais
des vivans.

Nous attendons le Sau-
veur notre Seigneur Je-
sus-Christ , qui transfor-
mera nos corps , tout vils
& abjets qu'ils sont , afin
de les rendre conformes
à son corps glorieux.

Nous sçavons que , si
cette maison de terre où
nous habitons vient à se
dissoudre, Dieu nous don-
nera dans le ciel une au-
tre maison , une maison
qui ne sera point faite de
main d'homme , & qui
durera éternellement.

Nous devons tous com-
paroître devant le tribu-
nal de Jesus-Christ , afin
que chacun reçoive ce qui
est dû aux bonnes ou aux
mauvaises actions qu'il
aura faites pendant qu'il
étoit revêtu de son corps.

TEXTES.

Si nous croyons que Jesus est mort & ressuscité, nous devons croire aussi que Dieu amenera avec Jesus ceux qui se seront endormis en lui.

Si credimus quòd Jesus mortuus est, & resurrexit; ita & Deus eos qui dormierunt per Jesum, adducet cum eo. I. Thess. 4. 13.

Espérant en Dieu, comme ils l'espérent eux-mêmes, que tous les hommes justes & injustes ressusciteront un jour.

Spem habens in Deum, quam & hi ipsi expectant, resurrectionem futuram justorum & iniquorum. Act. 24. 15.

(Abraham) attendoit cette cité bâtie sur un ferme fondement, de laquelle Dieu même est le fondateur & l'architecte.

(Abraham) expectabat fundamenta habentem civitatem, cujus artifex & conditor Deus. Hebr. 11. 10.

Nous attendons, selon sa promesse, de nouveaux cieux, & une nouvelle terre, où la justice habitera.

Novos cœlos & novam terram secundùm promissa illius expectamus, in quibus justitia habitat. II. Petr. 3. 13.

Heureux sont les morts qui meurent dans le Seigneur.

Beati mortui qui in Domino moriuntur. Apoc. 15. 13.

Heureux ceux qui ont

Beati qui ad

TEXTES.

cænam nuptiarum Agni vocati sunt. *Apoc.* 19. 9.

été appellés au souper des noces de l'Agneau.

L'Immortalité de l'ame est la base & l'appui de toute Religion ; parce que, si l'homme rentre dans le néant, s'il ne survit pas à sa cendre, il n'y a plus pour lui ni dogme, ni loi, ni culte. Borné comme les animaux à la conservation de sa vie & aux plaisirs du corps , il n'a point d'autre *rôle* à remplir, point d'autre sort à espérer.

La croyance de l'immortalité est tellement liée avec la nature & la raison , que dans les fables même du Paganisme on en voit de précieux vestiges. Les champs Elysées & le Tartare offrent sous des images , quoique abatardies, le siécle futur. Pas une superstition des Indes, du Japon, & de toutes les idolâtries de la terre, où cette image, plus ou moins obscurcie, ne se montre. Tant il est vrai que dans les plus épaisses ténébres l'homme n'a jamais pu entiérement oublier cette vérité écrite dans le fond de son être.

Il semble d'abord que Moyse n'en

L iij

a point parlé expressément ; mais elle étoit déja constante parmi les Hebreux. Leurs Patriarches, voyageurs & étrangers sur la terre , n'avoient aspiré qu'à la cité permanente , & avoient tracé sous leurs leçons & leurs exemples une vive idée du siécle futur. La loi porte toute entiére sur ce fondement, & ne tend qu'à inspirer l'amour de la vertu, l'horreur du vice : en la séparant du dogme de l'immortalité, elle n'auroit ni sens, ni réalité, ni grandeur. Aussi les Prophétes qui en furent les interprètes, en parlent avec autant de clarté que de force & d'énergie : ils peignent sous les plus vives couleurs le châtiment des pécheurs , les récompenses des justes, le royaume du siécle avenir : juste idée des motifs de la morale Mosaïque.

Il est vrai que les Sadducéens formérent peu de temps avant Jesus-Christ une secte de Philosophes matérialistes ; mais sans avoir été expressément chassés de la Synagogue, ils étoient pourtant condamnés par la loi : & toujours la plus saine partie de la nation les regarda avec horreur comme des sectaires rebelles.

Au reste l'immortalité est clairement révélée dans l'Evangile : & dussions-nous sortir une seconde fois du néant, si la mort nous y précipitoit, il faut que l'oracle s'accomplisse : l'attente de ce sort est pour nous une certitude, une évidence. Mais malgré cette lumiére infaillible, il est utile de joindre à l'appui de la révélation (si indécemment attaquée de nos jours) les preuves victorieuses de la raison.

L'ame existe. Outre ce corps exposé à nos yeux , nous sentons d'une maniére intime une portion plus noble de nous-mêmes ; cette substance qui pense , qui réfléchit , qui délibére , qui choisit , qui aime , qui hait , qui exerce les plus réelles & les plus sublimes opérations. L'ame existe , donc elle est immortelle. Tirons cette vérité de sa propre nature , de l'idée de Dieu , & de celle de la société.

L'ame est un être réel : donc elle ne peut rentrer dans le néant sans un décret du Créateur , aussi puissant que celui qui l'en a tiré. (*) Ainsi de l'existence

(*) Dieu seul est immortel par sa nature ; les créatures ne le sont que par ses décrets. Mais assurer qu'il anéantira nos ames ,

L iv

actuelle on déduit certainement l'existence future. Car enfin le corps & l'a-
me, quoique unis, conservent leur nature & leurs opérations : donc leur
défunion, quand elle changeroit quelques opérations mixtes, ne peut altérer
ni leur nature ni leur existence. L'u-
nion n'étoit qu'un rapport, qu'un lien
arbitraire : sa destruction n'est qu'une
modification différente, & non un
anéantissement.

Il seroit inutile de répondre à l'objection physique tirée de la dissolution
du corps. La résurrection n'a rien de
plus étonnant que la naissance : le
germe d'un corps peut se déveloper
dans la poussiére : & fallut-il un miracle, la consommation du temps fugitif, & la formation de la cité des siécles éternels, n'est-ce pas en quelque
sorte une nouvelle création ?

Mais supposer l'ame sans sensation,
n'est-ce pas la supposer dans une inertie totale, & un sommeil qui tient du
néant ? Non sans doute. Rendue à elle-

c'est une témérité folle : c'est assurer ce
qui est démenti par les oracles, ce qui est
contraire à sa sagesse, à sa bonté, & à
toutes ses perfections.

même, elle peut fans l'organe des fens avoir des penfées plus vives encore, & déveloper toute l'activité de fon être. Quand nous ignorerions les moyens dont Dieu fe fervira pour l'affecter, ils exiftent : les chercher, c'eft une curiofité fuperflue ; les nier, c'eft une ignorance. Concevons - nous mieux comment elle reçoit ici-bas fes fentimens par les organes du corps? Sera-t-il plus difficile à Dieu de lui imprimer des idées par d'autres voies également fages & puiffantes ? Déja tout eft prodige dans l'union actuelle de l'ame avec les organes : pourquoi ne pas attendre d'autres prodiges pour fon état futur ?

Loin que les organes brifés puiffent nous peindre l'ame dans le fommeil & l'inertie, c'eft précifément cette féparation du corps qui nous annonce la vivacité future de fes fentimens nouveaux. En effet l'ame eft intelligence & amour : voilà fa nature, fa grandeur, fa deftination. Comme intelligence, elle s'attache à la vérité infinie : comme amour, au bien fuprême. Cette doub'e prérogative préfente une immenfité d'actes nobles & fublimes, & l'étenduë étonnante de ses facultés. Or elles font foibles, obscurcies, & presque ensevelies dans le corps, qui réellement n'est qu'une prison pour une substance intelligente. Si d'un côté ce corps lui administre quelques idées, quelques sentimens ; il restreint, il étouffe la vivacité de ses opérations : & à part quelques vérités, quelques desirs, l'ame ne sçait encore ni connoître, ni aimer ici-bas.

Que peut-elle donc perdre en quittant ces liens terrestres ? Quelques sensations. Mais Dieu ne peut il pas l'affecter également par des moyens plus nobles, épurer, multiplier les sentimens occasionnés par les sens ? Il y a plus encore : quand elle perdroit ces modalités corporelles, n'est-elle pas infiniment dédommagée en dévelopant ses facultés spirituelles ? Loin donc que la destruction des organes la réduise au néant, tout au contraire il faut que ces organes soient détruits, afin qu'elle puisse exister d'une maniére digne d'elle. Son état actuel l'abbaisse, la dégrade : la grandeur d'un être intelligent destiné au bonheur ne peut bien se déveloper que dans le sein de celui qui est la vérité & la félicité éternelle.

Oui l'ame, image de Dieu, est quelque chose de grand. Ses miséres, ses souffrances qui, en l'affligeant, lui font sentir la privation d'un bonheur qu'elle voudroit atteindre ; ses passions même qui par leur variété, leur vivacité, peignent sa capacité immense que rien ne peut remplir ; ce sentiment intime de son existence, ces traits de lumiére & d'ordre qui y sont gravés ; cette intelligence qui lui fait saisir & pénétrer les vérités ; ce desir de felicité qui l'embrase, qui la fait tendre avec ardeur au bien suprême ; cette faculté de posséder par les sensations les objets crées ; cette liberté qui lui donne le droit précieux de choisir ses actes ; tant d'autres priviléges encore présentent une excellence prodigieusement supérieure à tout ce que nous connoissons dans l'univers. Or si on ôte à cette ame le droit de l'immortalité, ses priviléges ne sont plus qu'illusion' ; & elle est réellement inférieure aux autres êtres.

D'abord elle est inférieure à ses propres sensations : ici tout est réel, vif, immuable : tout y annonce l'œuvre du Créateur. Chaque sens a son tact sûr & intime ; & dès que l'impression s'excite, l'ame est modifiée constamment de telle ou telle maniére ; & tout est illusion dans le fond & la nature de l'ame ? Elle a un desir ardent d'immortalité & de béatitude, & ne peut non plus s'en dépouiller que d'elle-même : pas un sentiment, un projet, un acte, où ce desir ne perce, ne se montre vivement ; & ce n'est qu'une chimére ? Il ne semble gravé dans nous, que comme une dérision & un contraste, comme un cri qui a gravé notre misére ?

L'ame sent des remors : le crime fût-il caché dans la nuit la plus profonde existe, se réveille, déchire, perce de honte & de terreur ; & ces vifs sentimens ne sont qu'erreur & crainte puérile ? Mais si le néant assure l'impunité, pourquoi Dieu auroit-il imprimé dans l'ame ces sentimens si importuns, si désolans, qui au fond ne sont qu'un triste *épouvantail* ? Agiroit-il d'une maniére digne de sa sagesse & de sa bonté ?

Même illusion dans l'idée de la vertu. L'ame en sent le prix & la gloire, elle en desire la douceur & la paix, elle en espére la couronne ; & ces

pensées si consolantes ne sont que pieu-
ses chimères? La vertu pour le sort futur n'a rien de plus que le vice; un
même néant les engloutit? On pourroit
presser ce raisonnement, le détailler;
mais un seul regard en peint la force
& l'évidence. Si l'ame n'est pas immortelle, les opérations de l'esprit & du
cœur sont bien au dessous des sensations : celles-ci présentent la réalité,
celles-là le mensonge. Dieu peut-il imprimer sa ressemblance sur un être, pour
le tromper?

L'ame mortelle seroit inférieure au
corps : car enfin elle en dépendroit,
non-seulement dans tous ses actes, (aucun qui ne vînt des organes) mais
dans sa durée. Elle n'existeroit qu'autant qu'un certain équilibre des humeurs prolongeroit son existence fugitive. D'ailleurs le corps, quoique foudroyé, changé par la mort, n'est point
anéanti. Réduit en poussière, il présente
moins d'éclat, mais il existe enfin; &
l'ame seroit dans le néant? Il a des
propriétés; l'ame n'en auroit plus?

L'ame mortelle seroit inférieure à
l'instinct des animaux. Il leur procure
bien des avantages analogues à leur

sphère, l'adresse, la force, le plaisir
physique : il les guide sûrement dans
leurs opérations, & les conduit à leur
terme. L'homme est privé de la plus
grande partie de ces avantages ; il n'a
de prééminence sur les animaux que
son ame intelligente : & c'est précisément ce qui le séduit, ce qui le trompe.
Son motif dans ses travaux, sa consolation dans ses peines, son ardeur, son
émulation dans la vertu, c'est l'espérance d'un sort futur ; & cet unique
avantage, *l'immortalité*, n'est qu'un
beau songe ?

L'ame mortelle enfin seroit inférieure
même aux êtres matériels. L'univers est
un spectacle d'admiration & de grandeur : les merveilles intimes de chaque
corps, soit mixte, soit élémentaire ; l'harmonie du tout, sa durée, tout y peint le
Créateur, tout annonce ses perfections.
L'ame doit les annoncer plus noblement
encore. Or invisible à nos regards, son
excellence est toute spirituelle : on ne
l'apperçoit qu'en réfléchissant sur ses actes ;
& cette grandeur cachée seroit tout son
privilége ? elle n'auroit qu'un être fugitif, qu'un être d'un instant ? Le soleil,
la terre, les élémens, tout dure, tout

eſt ſtable ; & l'homme ſeul , pour qui
l'univers eſt fait , périroit avant l'univers ? Non , ces idées dégradent l'ame :
ſon excellence & ſa nature ſeule déja
annoncent ſon immortalité. Elle exiſte
pour connoître la vérité : donc elle
doit entrer dans le ſein de cette
vérité éternelle , ſon prototype &
ſa fin. L'ame a un cœur fait pour
aimer l'ordre & la béatitude : donc il
doit atteindre ce terme. L'ame eſt la
partie la plus noble de l'homme, elle
en fait toute la grandeur : donc elle
doit durer toujours , puiſque ſans cet
avantage tous les autres ſont anéantis.
La moindre faculté ſenſible ſeroit pré-
férable à une intelligence trompeuſe.
L'ame efface tous les corps de l'univers : donc ſa durée doit ſurvivre à
l'univers , ou ſon exiſtence *éphémère*
n'égaleroit pas le prix des autres êtres.
C'eſt ainſi que de la ſeule idée de l'ame
ſe tire par des raiſonnemens de la plus
ſaine Métaphyſique ſon immortalité.

Seconde preuve , l'idée de Dieu.
Quand on ne reconnoîtroit pas préciſément l'ame dans elle même , ſi ſa durée immortelle eſt liée avec les perfections de Dieu même , alors elle eſt ,

ainſi que ſes perfections, d'une certitude métaphyſique. Or pour nous borner dans une matiére ſi vaſte, tirons ſeulement de la loi morale, de la ſageſſe & de la juſtice de Dieu, des preuves claires & triomphantes de l'immortalité.

Dieu, l'ordre & la ſageſſe par eſſence, proportionne toujours ſes loix au genre, à la nature, à la deſtination de ſes êtres. Il gouverne les hommes par une loi pure & ſainte: il eſt donc un rapport entre l'homme & cette loi. En effet, que lui preſcrit-elle? Ce qu'il y a de plus pénible & de plus ſublime. Elle l'oblige à vaincre ſes penchans les plus chers, s'ils ſont déréglés; à détruire ſes paſſions les plus fortes, ſi elles ſont injuſtes; à remplir des devoirs difficiles, à pratiquer des vertus, des œuvres oppoſées au goût de la nature. Il faut donc qu'entre cette loi & le cœur de l'homme il y ait une proportion, c'eſt-à-dire, non-ſeulement un lien, un devoir eſſentiel d'obéiſſance, mais des motifs, des ſecours, des promeſſes, tout ce qui caractériſe d'un côté l'hommage dû à Dieu, & de l'autre l'avantage & le ſort de l'homme.

Or fi l'ame n'eft pas immortelle, cette loi eft fans fageffe, fans force: ofons le dire, elle n'eft que chimére & folie. Car enfin l'ame mortelle n'a que des befoins, des liens, des projets terreftres: elle ne peut donc pas s'élever aux idées de fainteté & d'ordre: ce n'eft que fonge & illufion. L'ame mortelle n'aime que la félicité fenfuelle: des maximes févéres ne font pour elle qu'ennui, dégoût, fupplice. Comment les préférer au plaifir? L'ame mortelle n'a qu'une exiftence actuelle & fugitive: l'exiftence future n'eft à fes yeux que chimére & préjugé. Comment facrifieroit-elle fon unique bien, le préfent, à une trompeufe efpérance? Il implique, s'il n'y a point de fiécle futur, que l'homme s'aftreigne à une loi pénible dont le fiécle futur fait tout le motif, toute la réalité, toute la force: il implique qu'un Dieu fage l'impofe à l'homme, puifqu'elle feroit injufte & impoffible. Or la loi exifte: elle forme le tribut effentiel de l'homme: elle eft poffible, elle eft jufte, elle eft falutaire. On ne peut ni la nier ni l'abroger fans athéifme: donc l'ame eft immortelle. Cette idée eft auffi inféparable de la loi, que la loi l'est elle-même de la sagesse & de l'équité du premier Etre.

Dieu est vrai ; tout est justesse & réalité dans les traits qu'il imprime lui-même sur les êtres : tel est le desir du bonheur. On ne peut y méconnoître l'empreinte de la divinité : nos passions, nos préjugés peuvent bien l'altérer, *le fausser* ; mais ils n'ont pu le produire. Desir universel : pas un homme qui ne l'éprouve ; il est inséparable de l'existence. Desir vif & intime : il naît avec nous, il subsiste dans nous, il *s'incorpore* avec nous ; c'est le fond de notre être. Desir efficace : il est l'ame & le mobile de nos actions, de nos sentimens ; tout tend à cette fin unique. Desir ardent : c'est un feu qui dévore. Tous les objets qui sembleroient devoir le satisfaire, le calmer, ne semblent que le nourrir & l'irriter. L'homme qui n'est qu'atome & néant, posséderoit l'univers ; & ce desir agiroit encore, dût-il chercher dans les cieux ce bonheur que la terre lui refuse. Desir éternel : attaché aux charmes d'un instant fugitif, il veut cependant que ce bonheur dure ; & après des siécles, la fin de sa félicité le déchireroit comme le premier moment. Defir honorable à l'homme : il peint fa grandeur , puifque tous les biens créés réunis ne peuvent remplir fa noble deftination. Defir enfin qui annonce la bonté & la magnificence de Dieu : félicité par effence , il ne veut point la poffeder feul ; il forme des êtres pour exifter autant que lui , & partager l'éternité de fon bonheur.

Ce defir préfentant ces empreintes divines eft donc vrai comme Dieu lui-même qui l'a gravé dans nous. Or fi l'ame eft mortelle , ce defir n'eft qu'illufion & menfonge : il nous annonce la béatitude , tandis que nous ne fommes deftinés qu'au néant. Il faut donc ou accufer Dieu de nous jouer , de nous tromper (quel blafphême!) dans le fentiment le plus important, le plus effentiel à notre être , ou admettre l'immortalité.

Dieu eft fageffe : elle brille dans le monde phyfique ; tous nous en offre des traits admirables. Ne doit-elle pas briller dans le monde moral ? Peut-on penfer qu'elle dirige avec tant de puiffance & de jufteffe les êtres inanimés, pour laiffer dans le défordre les êtres libres créés à son image ? Non sans doute : il faut donc qu'on reconnoisse ici-bas les traits de cette Providence infinie.

Or un regard réfléchi sur le théâtre de ce monde ne nous y offre que la bizarrerie & le hazard, que le tumulte & la confusion, en sorte que s'il n'y a point d'immortalité, il suit que tout est sagesse, puissance dans le monde matériel ; & que dans le monde moral, sphère des êtres intelligens, tout y est désordre & folie. Les projets les plus sages échouent : les projets faux & insensés réussissent : la vanité, l'orgueil triomphent : la sagesse & l'équité se cachent. Dieu est comme inconnu sur la terre : l'homme seul semble y présider pour en faire un séjour de renversement & de ténébres.

Plus ce cahos est énorme, plus vivement sous le désordre même, il nous montre l'ordre & le siécle futur.(*) La providence étant un attribut inséparable du premier Etre, il faut nécessairement qu'on en connoisse, qu'on en adore

(*) Déja le regard du siécle futur a dissipé l'objection des impies contre la Providence. Ici il prouve l'immortalité de l'homme : ces idées sont inséparables.

l'équité. Loin de briller ici-bas, tout l'obscurcit, tout la contredit. Il faut donc chercher ce nœud secret qui allie la suprême Sagesse avec le théâtre du siécle présent ; & ce nœud, c'est un regard éclairé sur le siécle futur. Déja nous avons établi l'équité de la Providence sur la réunion de ce temps fugitif & du temps éternel : la vie présente n'étant qu'un point ne peut par conséquent nous offrir la justesse & l'ensemble d'une Providence qui embrasse tous les siécles. Elle ne permet des désordres ici-bas que pour les réparer. Or ces désordres, en démontrant le siécle futur, démontre l'immortalité de l'ame. Les mêmes êtres qui ont concouru au chaos de ce monde, ou qui en ont été les témoins, les victimes, doivent habiter le siécle d'ordre & d'équité. La démonstration est géométrique : il faut ou accuser Dieu de gouverner sans sagesse le monde moral, ou reconnoître que cette sagesse cachée ici-bas doit un jour être manifestée.

Dieu est saint, il est juste : comme saint, il hait nécessairement l'iniquité, il aime nécessairement la vertu. Comme juste, il prépare à celle-là des châtimens, à celle-ci des récompenfes. Il ne haïroit point efficacement l'iniquité, s'il ne la puniffoit : il n'aimeroit point la vertu, s'il ne la protégeoit, s'il ne la couronnoit. Or fur la terre le vice prefque toujours eft ou fecret ou impuni. Combien de fcélérats ont emporté leurs meurtres, leurs rapines, leurs excès, leurs impiétés, mille forfaits enfin dans la nuit du tombeau ! Combien, qui, malgré ces noirceurs, ont joui de la réputation de probité & de vertu ! Combien dont les crimes heureux ont été couronnés de fuccès & de gloire ! Tels ces riches dont la fortune monftrueufe a été puifée dans le fang : tels ces conquérans dont la gloire & la félicité n'a porté que fur le ravage & la deftruction des peuples. Comme il eft certain que Dieu eft jufte, il l'eft que tous les crimes doivent être connus & punis. En vain les coupables paroiffent-ils anéantis dans la pouffiére, il faut que l'immortalité les reproduife : il faut que ces monftres qui ont fouillé la terre, expofent dans le fiécle futur leurs crimes, leur opprobre, & leur malheur.

Par un contrafte exact la vertu inconnue, méprifée fur la terre ; la vertu

abbreuvée de larmes, accablée d'ennuis,
de revers; la vertu proscrite, calomniée,
persécutée, pousse le même langage,
réclame vivement le siécle futur. Combien de vrais Chrétiens, de parfaits citoyens, après une vie de probité, de
zèle, de travaux, une vie de piété &
de religion, n'ont joui sur la terre d'aucune des récompenses dues à la vertu ;
peut-être n'en ont eu que l'opprobre &
les larmes ! Et pour eux le sépulcre ne
seroit que la nuit du néant, & leurs
œuvres seroient perdues, leurs espéran-
ces trompées ? Et les citoyens, ainsi que
les traitres; les gens vertueux, ainsi que
les scélérats ; les bienfaiteurs de l'humanité, ainsi que les dévastateurs auroient le même sort ? Cette idée révolte. Comme il est vrai que Dieu est
juste, bon, fidéle ; il l'est que la vertu
sera récompensée. Malgré la nuit du
sépulcre & le silence de la poussiére,
les perfections de Dieu nous y montrent l'existence future sous des traits
de certitude & d'évidence. Ou Dieu
ne prescrit pas la vertu, ne l'aime pas,
ne la couronne pas; ou il existe un siécle futur, séjour & récompense des gens
vertueux. Ainsi sous le rapport néces-

faire de la loi de Dieu, de fa fageffe,
de fa juftice, avec la vie future, dé-
couvre-t-on des preuves métaphyfiquement certaines de l'immortalité de
l'ame.

Troifiéme preuve enfin, la fociété.
Deftinés à vivre enfemble, cette union
c'eft le plan fage du Créateur : plan analogue & à la Religion, & à notre nature, & à notre bonheur. Il faut donc
que cette fociété préfente un germe,
un appui, des régles fûres & fixes,
tout ce qui caractérife un ouvrage qui
vient de Dieu. Sans l'immortalité on
peut, il eft vrai, former quelques fo-
ciétés fictives, fondées fur l'intérêt, le
plaifir, le crime peut-être. On n'en
formera jamais qui porte fur l'équité,
la ftabilité : plus de liens pour nous
unir, plus de frein & d'autorité pour
retenir les injuftes ; dès-lors la fociété
croule fur elle-même.

Otez l'immortalité, vous ne forme-
rez plus dans le genre humain qu'une
fociété femblable à celle des animaux,
qui ne font unis que relativement à
quelques befoins phyfiques. Tous ifolés,
tous nés pour eux, tous fans aucun devoir relatif, voilà l'homme : nul lien

avec ceux qui ont exifté. Quoique féparés de nous, on y tient encore. La mémoire des citoyens vertueux eft refpectable, le fouvenir de leurs œuvres les fait revivre. Celui des coupables excite encore l'horreur & l'indignation. Un pere, un ami qu'on a perdu, montre encore fon exiftence; & on en conferve le refpect, l'amitié, la vénération. Toutes ces idées fi vives, fi fenfées, ne font que chiméres cependant, fi l'ame eft mortelle, puifque les générations de tous les fiécles ne font plus que pouffiére.

L'avenir nous offre le même néant : en vain efpérons-nous perpétuer l'union fugitive de nos proches & de nos amis : en vain fentons-nous le defir de furvivre à nos cendres par la poftérité, par un fouvenir flatteur & durable, par des monumens, tous ces divers plans d'immortalité ne font qu'illufion : le fépulcre eft la porte d'un néant éternel. Cette idée défolante coupe tous les fils de l'union des hommes : on n'y voit plus que des révolutions de feuilles qui naiffent & périffent

Bornons-nous aux hommes actuels : il n'eft point de lien, puifqu'il n'eft point

de devoir moral ; & voila le **ciment**
effentiel de la fociété. Dès-lors que l'ame
eft mortelle , l'homme n'a que cette
vie : c'eft fa carriére , fon fort , fa fin.
Il ne doit plus que calculer fes craintes & fes avantages , & fur ce calcul
former fes œuvres. Il eft vraiment *feul*,
c'eft-à-dire , qu'il doit travailler exclu-
fivement pour fon bonheur , & y tout
rapporter. Ainfi nul bien , nul plaifir à
fe refufer ; nul intérét , nulle paffion à
réprimer : tout ce qui fe préfente fous
l'idée de goût, de caprice, c'eft la régle &
le droit d'un être ifolé ; & ce droit eft
univerfel. Il s'agit de prévenir de vi-
teffe & d'induftrie pour y mieux réuffir.
Ainfi faire tout le mal phyfique qui
pourra nous être utile ; ne faire aucun
bien qui ne rentre dans le nôtre : voilà
le code *& la charité* des êtres matériels. Il faut rayer des devoirs du genre
humain l'équiré, la tendreffe, l'amitié,
la bienféance, la reconnoiffance, & tous
les liens moraux. Il faut démentir ce
que dicte le fang, ce que la vuë des
miféres , ce que la confcience , la nature & le cœur infpirent. Ainfi donc le
matérialifme fape la racine même des
liens les plus chers, les plus facrés, les

plus utiles : il brise encore tous les freins de la société.

Si l'amour de l'ordre guidoit seul les hommes, il ne faudroit ni menaces, ni tribunaux sévéres, ni châtimens. Mais la plûpart étant injustes, il faut, pour affermir & la loi & la société, infliger des peines aux transgresseurs. Or d'après le systême de la mortalité, les loix humaines sont injustes. Pourquoi punir ceux qui usent de leur droit ? Tout ce que fait l'homme mortel pour servir ses passions quelconques, est conforme à son être, à son desir de bonheur. Fut-ce aux dépens des autres, qu'importe s'il ravit leurs biens, leur vie, pourvu qu'il se rende heureux ? Les hommes qui se sont accordés pour les punir, sont des violens. En vain citent-ils le bien général : si le voleur, le meurtrier a travaillé pour son bien propre, il a agi avec justesse, avec droit.

Supposons cependant que les punitions venant de l'autorité publique soient légitimes, que les citoyens y soient soumis ; dès-lors que l'ame est mortelle, cette soumission ne peut être qu'extérieure : la convention n'oblige à rien,

& ne tient qu'autant qu'elle est utile à celui qui l'observe.

De là il suit, que dès-lors qu'on pourra enfreindre la loi en secret & avec espérance de l'impunité, l'intérêt nous dicte de la violer. Qu'on usurpe les biens, qu'on flétrisse l'honneur, qu'on ravisse la vie, qu'on fasse des injustices & des barbaries, pourvu qu'on ait le talent & l'adresse de s'exposer à l'opprobre & au châtiment, on agit avec sagesse & prudence. Dès qu'il n'y a point de loi morale, point de menace éternelle, & qu'on peut éviter le tribunal des hommes, pourquoi se gêner ? L'unique soin doit être d'éviter les regards de ce tribunal, & de lui dérober la connoissance des crimes pour en prévenir la punition. Ainsi l'hypocrisie, les injustices secretes, les forfaits cachés dans la nuit d'une conscience ténébreuse, loin d'être des crimes, ne font que des traits d'une heureuse industrie.

Il y a plus : s'il est très-sage d'étudier les loix, il est très-conséquent de les rompre, quand on a la force. Les punitions ne font infligées qu'à ceux qui ne peuvent se soustraire à l'autorité ; mais ceux qui armés de puissance

peuvent renverfer les tribunaux & les
Juges, feront en droit de le faire. Le
lien phyfique ne peut aftreindre que
ceux qui n'ont pas ou le courage, ou
la force de le brifer. Du refte, un fcélérat heureux qui détruiroit le thrône
& les loix, qui braveroit toutes les
puiffances, qui par fes fuccès changeroit
fes crimes en titre de gloire ; ce fcélérat
agiroit avec fageffe & équité. Dès-lors
qu'on n'a d'autre fin que le corps & la
vie, il eft très-conféquent de changer,
quand on le peut, l'échafaud contre le
thrône. Les ufurpateurs, les Koulikans,
loin d'être des monftres, font de vrais
héros.

Tel eft donc le vrai fyftême du matérialifme : toutes les horreurs poffibles
en naiffent ; parce qu'en ôtant les liens
qui forment la fociété, les freins,
les motifs qui la cimentent, on ne
laiffe d'autre code que les paffions :
de là un cahos affreux. En vain voudroit-on fubftituer aux liens les ufages
de bienféance, aux freins les loix d'une
politique utile & néceffaire ; pure illufion. Que font les égards, les bienféan-
ces ? Des ufages arbitraires, des loix
de police. Il feroit abfurde d'ôter la

loi du Législateur suprême, & de vouloir ensuite gêner les hommes par *politesse*. L'ensemble de tous les usages n'est que *toile d'araignée*; on la perce, & on suit ses désirs. De tous les hommes, les plus conséquens seroient les infames Cyniques. Leur mépris des usages (qui n'étoit qu'impudence & brutalité) seroit sagesse & réflexion. Dès que la loi morale ne condamne pas les passions, il seroit ridicule de les faire céder aux regards stériles des hommes.

A l'égard de la politique, on avoue que quelquefois elle est un frein : il ne s'agit que du calcul. L'amour de notre être nous dit de réprimer toute passion qui nous exposeroit ou au déshonneur, ou à la mort : mais par le même calcul, quand on est sûr ou d'éviter ou de rompre les loix, notre bonheur nous dicte, nous ordonne de le faire. Calcul infernal, germe de noirceurs, qui de tout l'univers ne feroit qu'un repaire de bêtes féroces toujours prêtes à s'entre-dévorer.

Ce détail est affreux, mais il est réel & conséquent. Il faut exposer à découvert les horreurs qui naissent *nécessairement* & par principe du maté-

rialifme, pour montrer fous un prétendu
fyftême philofophique , non pas feulement l'anéantiffement de toute Religion , mais la deftruction de toute fociété. Ce qu'il y a de plus tendre, de
plus intime dans la nature, de plus refpectable, de plus redoutable dans l'autorité des tribunaux & des loix , n'eft
que préjugé d'enfance, que chimére
& illufion , qu'injuftice & violence.
Point de lien , point de devoir , point
de code, point de bonheur , point de
Dieu que le corps & les paffions pour
celui qui n'eft que corps.

Par un contrafte qui acheve de démontrer la vérité , l'immortalité fait
briller toute la grandeur de l'ame , juftifie & annonce les perfections de Dieu,
forme & cimente la fociété. Une ame
immortelle faite à l'image de Dieu,
pour durer autant que Dieu , eft donc
fufceptible & de vertus & de loix morales. Elle peut s'élever aux idées & à
l'amour des perfections de Dieu, chérir , adorer, pratiquer fa juftice, fa fainteté, fon équité , obferver fes loix ; &
par cette vertu libre & réfléchie parvenir à tout le degré de conformité
avec Dieu , dont une créature eft capable. M iv

Une ame immortelle étale toute la grandeur de l'homme. Deſtinée à un bonheur éternel, elle préſente une excellence bien ſupérieure & à la vivacité des ſenſations, & à la ſûreté de l'inſtinct, & aux propriétés du corps, & aux merveilles phyſiques. Penſer, ſe connoître, aimer, & durer toujours, quel auguſte genre d'être !

Une ame immortelle juſtifie par là même la ſageſſe de Dieu dans le cahos de cet univers : elle montre ſous ces voiles une providence qui embraſſe tous les temps. Elle annonce, malgré le vice impuni & heureux, malgré la vertu ſtérile & perſécutée, ſon équité ſuprême. Viendra le ſiécle futur, & c'eſt là où ſes juſtes décrets couronneront la vertu dans tout ſon éclat, puniront le vice dans tout l'opprobre qu'il mérite.

Une ame immortelle reſſerre, éleve, décore tous les liens de la ſociété. Elle s'unit par le ſouvenir aux hommes paſſés, qui ſont également ſes freres : elle reſpecte dans les hommes actuels les titres du ſang & de la nature, de l'amitié & de la ſociété, de l'équité & de la charité : & ces hommes ſi chers déja par tant de titres lui font plus précieux encore, que lorfque dans cette fociété fugitive elle n'y voit que l'image & l'affurance d'une fociété éternelle.

Une ame immortelle envifage fous les tribunaux de la fociété une autorité plus grande encore, celle de la loi divine. À fes yeux le thrône & la puiffance n'eft pas feulement une force néceffaire pour contenir les méchans, mais un lien des cœurs, une loi morale. Quand elle pourroit fe fouftraire aux loix de la terre, jamais elle ne troubleroit la fociété ; parce qu'il eft une loi invifible & fuprême, qui regarde, qui pefe, qui foudroie les injuftices dans la nuit la plus profonde. Voilà ce qui rend le Chrétien vrai citoyen, non pas feulement par politique ou néceffité, mais par conviction, par devoir, par religion.

Il eft donc vrai que l'immortalité de l'ame eft appuyée fur des preuves qui vont jufques à l'évidence. Ce n'eft point là une vérité, un dogme uniquement confacré par la foi : la raifon la démontre dans le genre phyfique & dans le genre moral. Qu'il eft confolant à

M v

l'homme de se connoître si sûrement, & vivement, de sentir son existence fugitive liée avec une existence éternelle dans l'immensité des siécles! Cette seule idée imprime de la grandeur sur ses œuvres les plus obscures, sur ses projets, sur ses desirs, sur ses vertus; tout y est marqué du sceau de l'immortalité.

CHAPITRE III.

Lien éternel entre Dieu & l'homme.

TEXTES.

Locutus est Dominus cunctos sermones hos : Ego sum Dominus tuus, qui eduxi te de terra Ægypti, de domo servitutis. Non habebis deos alienos coram me.... Non assumes nomen Domini tui in vanum.... Memento ut diem Sabbati sanctifices...Honora patrem tuum & matrem tuam... Non occides. Non mœchaberis. Non furtum facies. Non loqueris contra proximum

LE Seigneur parla en cette sorte : (*) Je suis le Seigneur votre Dieu, qui vous ai tiré de l'Egypte, de la maison de servitude. Vous n'aurez point des dieux étrangers devant moi.... Vous ne prendrez point en vain le nom du Seigneur.... Souvenez-vous de sanctifier le jour du Sabbat.... Honorez votre pere & votre mere.... Vous ne tuerez point. Vous ne commettrezpoint de fornication. Vous ne

(*) La loi donnée à Moyse exprimoit l'hommage essentiel que l'homme doit à Dieu. Il n'étoit nouveau que dans sa promulgation, & non dans sa nature.

TEXTES.

déroberez point. Vous ne porterez point faux témoignage contre votre prochain. Vous ne defirerez point fa femme, ni fon ferviteur, ni fa fervante, ni fon bœuf, ni fon âne, ni toutes les chofes qui lui appartiennent.

Ecoutez, Ifraël : Le Seigneur notre Dieu eft le feul & unique Seigneur. Vous aimerez le Seigneur votre Dieu de tout votre cœur, de toute votre ame, & de toutes vos forces. Ces commandemens que je vous donne aujourd'hui, feront gravés dans votre cœur : vous en inftruirez vos enfans; vous les méditerez auffi dans votre maifon, & marchant dans le chemin, la nuit dans les intervalles du fommeil, le matin

tuum falfum teftimonium. Non concupifces domum proximitui, nec defiderabis uxorem ejus, non fervum, non ancillam, non bovem, non afinum, nec omnia quæ illius funt. *Exod. 2 0. 1. & feqq.*

Audi, Ifrael : Dominus Deus nofter, Dominus unus eft. Diliges Dominum Deum tuum ex toto corde tuo, & ex tota anima tua, & ex tota fortitudine tua. Eruntque verba hæc, quæ ego præcipio tibi hodie, in corde tuo: & narrabis ea filiis tuis, & meditaberis in eis fedens in domo tua, & ambulans in itinere, dormiens atque confurgens. Et ligabis ea quafi fignum in manu tua, eruntque &

TEXTES.

movebuntur inter oculos tuos ; fcribefque ea in limine & oftiis domûs tuæ. *Deut.* 6. 4. *& feqq.*

à votre réveil. Vous les lierez comme une marque dans votre main ; vous les porterez fur le front entre vos yeux ; vous les écrirez fur le feuil & fur les poteaux de la porte de votre maifon.

Si vis ad vitam ingredi, ferva mandata. *Matth.* 19. 17.

Si vous voulez entrer en la vie, (*) gardez les commandemens.

Qui habet mandata mea , & fervat ea , ille eft qui diligit me. *Joan.* 14. 21.

Celui qui a mes commandemens , & qui les garde , c'eft celui-là qui m'aime.

Qui dicit fe noffe Deum , & mandata ejus non cuftodit, mendax eft, & in hoc veritas non eft. Qui autem fervat verbum ejus , verè in hoc charitas Dei perfecta eft... Non mandatum novum fcribo vobis , fed mandatum vetus quod

Celui qui dit qu'il connoît Dieu, & ne garde pas fes commandemens, eft un menteur, & la vérité n'eft point en lui. Mais fi quelqu'un garde ce que fa parole nous ordonne, l'amour de Dieu eft vraiment parfait en lui. ... Je ne vous écris

(*) La loi nouvelle a renouvellé, perfectionné cet hommage, ce lien éternel.

TEXTES.

point un commandement nouveau, mais le commandement ancien que vous avez reçu dès le commencement. *habuistis ab initio. I. Joan. 2. 4. 5. & 7.*

Quiconque ayant gardé toute la loi, la viole en un seul point, est coupable comme l'ayant toute violée. *Quicumque autem totam legem servaverit, offendat autem in uno, factus est omnium reus. Jac. 2. 10.*

Venez, adorons Dieu; (*) prosternons-nous devant lui. *Venite adoremus, & procidamus (ante Deum.) Ps. 94. 6.*

Qu'y a-t-il pour moi dans le ciel; & qu'ai desiré-je sur la terre, si non vous?... C'est vous qui êtes le Dieu de mon cœur, & mon partage pour toute l'éternité.... Pour moi c'est mon avan- *Quid mihi est in cœlo; & à te quid volui super terram?... Deus cordis mei, & pars mea, Deus, in æternum,... Mihi autem adhærere Deo bonum est, ponere in Domino Deo*

(*) Ce lien intime entre Dieu & l'homme doit le conformer, le soumettre à sa grandeur, à sa fidélité, à sa vérité, à sa providence, à ses infinies perfections. L'Ecriture est pleine d'oracles qui retracent mille fois ce devoir. Ici nous ne faisons que les indiquer.

TEXTES.

spem meam. *Pf.* 72. 25. 26. 28.

In te, Domine, speravi; non confundar in æternum, *Pf.* 30. 1.

Dominus est : quod bonum est in oculis suis, faciat. *I. Reg.* 3. 18.

Quoniam in me speravit, liberabo eum : protegam eum, quoniam cognovit nomen meum. Clamabit ad me, & ego exaudiam eum. Cum ipso sum in tribulatione, eripiam eum & glorificabo eum. Longitudine dierum replebo eum, & ostendam illi salutare meum. *Pf.* 90. 14. & seqq.

tage de demeurer attaché à Dieu, & de mettre mon espérance dans celui qui est le Seigneur mon Dieu.

C'est en vous, Seigneur, que j'ai espéré; ne permettez pas que je sois confondu pour jamais.

Il est le Seigneur : qu'il fasse ce qui est agréable à ses yeux.

Parce qu'il a espéré en moi, (dit Dieu) je le délivrerai : je serai son protecteur, parce qu'il a connu mon nom. Il criera vers moi, & je l'exaucerai. Je suis avec lui dans le temps de l'affliction, je le sauverai & je le comblerai de gloire. Je le comblerai de jours; & je lui ferai voir le salut que je lui destine.

TEXTES.

Soyez saints, parce que je suis saint, moi qui suis le Seigneur votre Dieu..... Gardez tous mes préceptes & toutes mes ordonnances, & exécutez-les.

Sancti estote, quia ego sanctus sum, Dominus Deus vester..Custodite omnia præcepta mea, & omnia præcepta mea, & universa judicia, & facite ea. Levit. 19. 2. 37.

Craignez Dieu, & observez ses commandemens: car c'est là le tout de l'homme.

Deum time, & mandata ejus observa: hoc est enim omnis homo. Eccli. 12: 13.

Il a fait avec eux une alliance éternelle, & leur a appris les ordonnances de sa justice.

Testamentum æternum constituit cum illis, & justitiam & judicia sua ostendit illis. Eccli. 17. 10.

Ils se tiennent à euxmêmes lieu de loi ; faisant voir que ce qui est prescrit par la loi, est écrit dans leurs cœurs.

Ipsi sibi sunt lex, qui ostendunt opus legis scriptum in cordibus suis. Rom. 2. 14. 15.

Vous aimerez le Seigneur votre Dieu de tout votre cœur, de toute votre ame, & de tout votre esprit. C'est-là le plus

Diliges Dominum Deum tuum. ex tota mente tua. Hoc est maximum & primum mandatum. Secundum autem

TEXTES.

ſimile eſt huic: Diliges proximum tuum ſicut te ipſum. In his duobus mandatisuniverſa lex pendet & Prophetæ. *Matth.22. 37. & ſeqq.* grand & le premier commandement. Et voici le ſecond qui eſt ſemblable à celui-là : Vous aimerez votre prochain comme vous-même. Toute la loi & les Prophétes ſont renfermés dans ces deux commandemens.

SECTION PREMIÉRE.

Lien éternel, immuable.

APrès avoir donné une juſte notion de Dieu, l'objet de la Religion & de l'homme qui en eſt le ſujet, l'ordre naturel nous conduit aux liens qui uniſſent Dieu avec l'homme. Deux ſortes de liens, les uns éternels fondés ſur la nature des choſes ; les autres poſitifs, qui naiſſent d'une volonté libre de Dieu.

En qualité de Créateur, il doit aux êtres qu'il a formés ce qui eſt analogue à leurs facultés, à leur fin. Ce n'eft pas un droit exact & rigoureux qui fuppofe dans la créature un mérite indépendant : non, ce droit, cette *exigence*, n'eft dans Dieu qu'un titre de grandeur & de bonté qui naît de la perfection de fa nature. Il ne doit rien à des néants; mais il fe doit à lui-même d'accorder aux créatures tout ce que fa bonté & fon équité lui prefcrivent. Sous cette face tout regard, tout foin de Dieu fur les êtres libres exprime une perfection ; & loin de dégrader fa majefté par une forte d'obligation, on en releve au contraire l'excellence. Sans réitérer ici l'image des perfections de Dieu, nous ne voulons que propofer *les liens* qui naiffent de quelques attributs, & qui uniffent Dieu à l'homme par des nœuds auffi utiles que confolans.

Dieu eft la vérité fuprême : il doit donc la propofer aux êtres intelligens, puifqu'ils en font fufceptibles. Ils n'exiftent que pour la connoître; il faut qu'il y ait un rapport entre leur deftination, leurs facultés & la vérité. Il faut qu'ils ayent les moyens d'y parvenir.

Dieu eft fage : il doit donc gouverner

l'homme, l'éclairer, le guider par des moyens convenables à sa fin. Comme sa puissance ne seroit pas infinie, si le hazard ou d'autres chocs étrangers interrompoient l'ordre physique, il démentiroit sa sagesse s'il abandonnoit des êtres spirituels. Le titre de Créateur renferme essentiellement celui de modérateur. De là tous les soins, tous les décrets de sa providence.

Dieu est l'équité par essence : il doit donc donner tout ce qu'il exige, puisque la créature n'a rien par elle-même : il doit proportionner ses secours à l'étenduë de ses loix, aux besoins & à la foiblesse des hommes. Sans examiner ni la mesure précise des secours, ni les cœurs de chaque individu, (examen également téméraire & impossible) il suffit de connoître ce principe : *Dieu est équitable*, pour en tirer par une conséquence géométrique que toute loi divine est possible, que toute destination de la créature est réelle, est sincére, est revêtue de moyens compétens ; que tout jugement sur son sort sera l'équité même. En suivant ce principe incontestable, on dissipe toutes les ténébres, on marche dans la vérité, malgré les nuages qu'y répand l'obscurité & des moyens & des cœurs.

Dieu est saint, Dieu est juste. Comme saint, il est la régle essentielle de toutes les créatures : comme juste, il mesure leur sort sur leurs œuvres. Ainsi la vertu étant une conformité avec Dieu, une noble union à ses attributs, mérite la gloire & la félicité : il est dans la nature des choses qu'un être fidéle à l'ordre soit heureux. Cette proportion exacte est dans les décrets de Dieu même : le bonheur, c'est le fruit intime & essentiel de la vertu, comme la misére est la punition nécessaire du crime.

Dieu est la bonté même : donc par la nature de son être il aime les hommes, & répand sur eux ses bienfaits. Tel est le caractére d'une bonté infinie : elle donne sans s'épuiser, elle donne gratuitement par le motif seul de son amour, elle donne même au delà des droits & du mérite. Différence de la bonté & de la justice ! Celle-ci n'agit que d'après nos infidélités, & les punit avec la plus exacte proportion. Celle-là, sans envisager le mérite, récompense par une pure effusion d'amour & de magnifitence : & en récompenſant au delà des œuvres , elle ſignale ſa généroſité & ſa fécondité infinie.

Dieu eſt fidéle : ſa parole eſt donc immuable. Il n'agit jamais qu'avec lu- miére, qu'avec une volonté ſincére, une juſteſſe infaillible : dans lui tout eſt ſta- ble & irrévocable. Rien ne peut chan- ger ſes décrets que les conditions qui y ſont appoſées. Alors ce n'eſt pas le décret qui change , c'eſt l'objet. Rien ne peut anéantir ſes promeſſes , ſi on eſt fidéle. De là le mérite : ſa certitude porte ſur l'immutabilité de Dieu même. Ce n'eſt pas que l'œuvre de l'homme ait un rapport égal avec la récompenſe , ou un droit ſtricte ; mais Dieu ayant attaché tel bien à tel acte , alors en le rempliſſant cet acte , il eſt auſſi im- poſſible d'être privé de la récompenſe, qu'il l'eſt que Dieu manque à ſa pa- role. Eſt-il un titre plus certain ? Le mé- rite , fut-il fondé ſur la proportion géo- métrique de nos œuvres , ſeroit-il plus aſſuré que lorſqu'il eſt lié avec la vé- rité de Dieu même ?

Tels ſont les liens ſi favorables à l'homme , & qui naiſſent du ſein même de la Divinité. Ce ne ſont pas des liens de dépendance ou d'*exigence* des créatures , mais des liens de grandeur & de magnificence , qui n'exiſtent que parce que Dieu eſt infiniment parfait. Car puiſqu'il eſt la vérité , la ſageſſe , l'équité , la bonté infinie , ces caractéres auguſtes ne peuvent être ſtériles : ils ſe répandent ſur les créatures par proportion avec leurs deſtinations, leurs beſoins.

Ces rapports fondés ſur la racine des choſes , c'eſt-à dire , ſur l'inégalité infinie des natures , forment par une conſéquence néceſſaire des liens qui uniſſent & ſoumettent l'homme à Dieu. Les mêmes perfections qui par un titre d'autorité & de gloire aſſurent des traits de protection & d'amour aux créatures , aſſujettiſſent celles-là à l'hommage le plus profond , le plus ſincére. D'un même principe évident , *Dieu eſt juſte , Dieu eſt vrai* , naît dans Dieu la magnificence , l'effuſion de ſes biens ; & dans l'homme tout le tribut, toute la ſoumiſſion dont il eſt capable.

Ainſi Dieu eſt l'être par eſſence , la gloire , la majeſté , la grandeur , le principe & le Créateur de tout ce qui exiſte. Il eſt donc dans la nature des choſes que l'homme qui exiſte par lui, que l'homme qui n'eſt que néant & miſére, adore cet Etre ineffable, s'anéantiſſe devant lui ; qu'il la reconnoiſſe & qu'il l'honore avec toute la ſoumiſſion dont il eſt capable. Ce n'eſt pas que cet hommage releve la gloire du premier Etre. Les vœux réunis de toutes les créatures poſſibles ne ſont que néant devant ſa grandeur infinie, toujours la même au milieu d'un déluge de crimes, comme dans le ſanctuaire des plus fervens adorateurs : mais plus cette gloire eſt indépendante par ſon excellence, plus elle eſt dans *la nature des choſes*. Que tout être intelligent la reconnoiſſe & l'adore ; s'il lui refu- ſoit cet hommage, par là même il ſe- roit dans le déſordre. Ainſi l'homme doit à la gloire de ſon Dieu le tribut le plus profond de ſon eſprit & de ſon cœur.

Ajoutons encore le tribut de ſon corps : comme il a tout reçu, il doit honorer ſon auteur de tout ce qu'il a, de tout ce qu'il eſt ; & voilà ce qui forme *la racine* du culte. Les rites ſont poſitifs ; l'obligation eſt éternelle. Le cœur étant uni à la matiére, ayant par ce nouveau rapport des idées, des senfations, des œuvres, doit non-feulement adorer intérieurement fon Auteur, mais l'adorer par les marques & les fenfations extérieures dont il eft l'ame & le mobile. Le corps n'eft qu'un inftrument : fi par lui-même il ne peut rien devoir, l'être qui lui eft uni, doit pour l'un & l'autre. Dans les Anges l'adoration intérieure eft toute la Religion; parce qu'ils font purement fpirituels. Cette Religion feule ne feroit pas fuffifante dans l'homme, parce que par là il refuferoit d'honorer Dieu dans une partie de lui-même.

Dieu eft l'ordre par effence, la régle éternelle & immuable de tout ce qui exifte. Il faut donc que l'homme affujettiffe à cet ordre univerfel & invariable toutes fes facultés. Il a un efprit intelligent, il doit fe conformer à la vérité éternelle, fon prototype & fon terme. Ainfi ne former de raifonnement que fuivant les principes de la droite raifon, ne défirer, ne demander, ne chercher que la vérité, la préférer à tout préjugé des fens, au menfonge le plus fpécieux, à l'erreur la plus douce, la plus favorable; croire avec
une

une conviction d'évidence que dans Dieu tout eſt vérité : que ce qu'il grave dans notre eſprit par ſes lumiéres, dans notre cœur par les ſentimens intimes, dans nos ſens par la juſteſſe & l'uniformité de ſes opérations, eſt réel : que tout ce qu'il nous propoſe, eſt vérité : que quand nous ne pourrions pas diſcerner par nos foibles lumiéres le nœud radical de la vérité de ces myſtéres, ils ſont auſſi vrais que l'évidence géométrique : que nous devons préférer cette conviction ſi raiſonnable à l'ordre ordinaire de nos raiſonnemens bornés. Croire, dis-je, tous ces objets, voilà le rapport eſſentiel de notre eſprit avec l'Intelligence éternelle.

L'homme a un cœur libre ; mais la loi doit fixer ſon choix, ſes œuvres, ſes ſentimens, ſes deſirs même. Eviter tout ce qu'elle défend, parce que s'y livrer eſt un mal moral, un déréglement, une révolte contre la ſainteté & l'autorité infinie : faire ce qu'elle preſcrit, parce que cette fidélité eſt une vertu, une conformité à l'ordre ; voilà ce qui renferme toutes les opérations du cœur. Ses penchans quelconques, ſes intérêts, tout doit céder à cette régle immuable.

L'homme a un corps, des sens; il doit en régler les opérations sur les sentimens d'un cœur pieux & éclairé. La loi morale ne peut commander directement aux sens, ils n'en sont pas susceptibles; mais en réglant le cœur, par là même elle les régle. En effet si le cœur est essentiellement astreint à l'ordre, ce devoir embrasse également ses opérations extérieures, c'est-à-dire, celles des sens auxquelles il préside. L'ame étant unie au corps, en est le guide, le mobile, l'agent : elle est le Prêtre, si on peut ainsi s'exprimer, de ce sanctuaire : ainsi tout doit y être dans la sagesse & la convenance. Dès-lors elle doit y réformer ce qui est déréglé, combattre les penchans injustes, en réprimer la mollesse & les excès, en régler, en modérer les plaisirs, en épurer les sensations, en faire des instrumens de vertu. C'est là vraiment entrer dans le plan de sagesse du suprême Auteur de nos sens. Auroit-il pu en permettre l'abus, en ordonnant en même temps l'usage équitable de l'esprit & du cœur ? Il suivroit que la même ame dans ſes opérations intérieu-res ſeroit obligée à ſuivre l'ordre, & qu'elle n'y ſeroit plus obligée quand elle agiroit par le miniſtére des ſens : contradiction palpable. L'homme eſt un : il n'a qu'une volonté : ſoit qu'elle penſe au dedans d'elle-même, ſoit qu'elle agiſſe au dehors, la loi eſt tou-jours ſa régle invariable. Ainſi tout bien, tout plaiſir ſenſible condamné par cette loi, eſt un écart, un crime dans l'ame immortelle.

De cette obligation en naît une au-tre : celle de rétracter cet écart, & de rentrer dans l'ordre. Si l'ame étoit in-flexible, elle ne pourroit plus changer ſes actes. Mais pourvue de liberté, elle peut, après avoir fait un choix déréglé, le réformer par un choix légitime. Ainſi la même loi qui l'oblige à ſuivre la juſtice & l'ordre, l'oblige ſans ceſſe à détruire les actes pervers qu'elle y a oppoſés, & à recouvrer la rectitude qu'elle a perdue. Voilà le regret, le changement, la pénitence du cœur.

Dieu eſt notre fin, le terme éternel auquel nous devons tendre, où nous puiſerons la conſommation & la félicité de notre être. Il eſt donc dans la nature des choses que l'homme s'attache à cette fin, & qu'il en suive la route. Fait pour le bonheur, il doit en saisir le véritable objet, la possession de Dieu. Dès-lors rien sur la terre, quand il en réuniroit les biens, les avantages, les honneurs, les plaisirs, rien ne lui doit paroître ce bien suprême seul digne de lui. De là un détachement sincére de tout ce qui n'est que bien fugitif, bien *d'emprunt.*

Or comme le desir anime & motive les œuvres; un cœur qui n'aspire qu'à sa fin, est fixé au bien solide; il cherche ce qui peut l'y conduire, & non pas ce qui pourroit flatter sa nature. C'est ici le point fatal, la pierre d'achopement des hommes terrestres. Ils veulent être heureux, (c'est là le cri perçant & éternel de tous les cœurs,) mais ils veulent l'être sur la terre; ils veulent l'être en suivant tous leurs desirs, en ne refusant rien à leurs passions. Bonheur d'illusion & de phantôme, bonheur d'injustice & de misére; bonheur qui cache le malheur le plus réel.

Au contraire le cœur qui veut sincérement arriver à la fin de son être, évité la route funeste qui l'en écarte ; il fuit, il méprise, il déteste tout ce qui sous une douceur fausse & séduisante voudroit le perdre. Sans consulter ce qui flatte la nature, ce qui nourrit les passions, il ne s'attache qu'à ce qui peut le conduire au bonheur immortel. De là le sacrifice de tous les biens dangereux & funestes : de là le choix des œuvres conformes à l'ordre, des œuvres même les plus pénibles, lorsqu'elles sont nécessaires. Système de sagesse qui renverse toutes nos fausses idées sur le bonheur ou le malheur de la terre.

Dieu est la beauté, la perfection par essence. L'homme doit donc le préférer pour lui-même à toutes les créatures. Quelles merveilles qu'il ait répandu sur elles, toujours ne sont-elles qu'un foible écoulement de ses grandeurs. C'est donc dans le Créateur où il faut adorer le prototype & la source de tout ce qui nous paroît aimable dans les biens créés. Ainsi l'amour n'est pas seulement la fidélité à la loi, c'est un sentiment intime par lequel le cœur considérant les divers objets qui pourroient lui plaire, s'en détache &

réunit tous ses desirs dans Dieu. Sa
grandeur, sa sagesse, sa vérité, sa puissance, son amour, ses perfections ineffables, comparées ou plutôt opposées
aux foiblesses des créatures, méritent &
possédent toute l'ardeur de ses sentimens.

Dieu est la sagesse : il gouverne sur
ses régles de convenance & d'équité
toutes les créatures. L'homme doit à
cette providence une soumission profonde : elle dispose souverainement &
avec un succès infaillible, de tous les
événemens : il faut donc adorer cette
volonté puissante, & lui immoler les
desirs mêmes légitimes de notre volonté
propre : ils ne le seroient plus, s'ils ré-
sistoient à ses ordres. Ainsi, quoique la
faculté de vouloir, de desirer, soit la
propriété essentielle du cœur, il ne doit
(même en genre de bonheur ou de succès) ne vouloir, ne desirer, que ce
que Dieu lui destine.

Un autre lien, un autre devoir encore. La providence joint à sa sagesse
le plan le plus éclairé de notre vrai
bonheur : le cœur doit donc lui rendre
l'hommage de l'amour & de la confiance. Ses voies fussent-elles obscures

& févéres, ces nuages ne doivent point lui cacher fa tendreffe réelle, lorfqu'elle nous contredit, lorfqu'elle nous frape pour nous faire entrer dans la route de l'innocence & du bonheur. Ainfi l'homme convaincu de ces deffeins de bonté, jette dans fon fein toutes fes inquiétudes, & vit toujours dans une paix profonde fur l'avenir.

Dieu eft la juftice jaloufe & exacte : il punit les crimes avec une févérité égale à fa grandeur & à nos iniquités. L'homme doit donc en redouter les effets. La crainte fe tire de nos miféres, & non de l'être de Dieu qui n'eft que bonté. Mais enfin comme nous pouvons nous écarter des voies de la juftice, il eft dans la nature de l'homme de craindre fon déréglement, de craindre fa punition, & de trembler à la feule idée des vengeances éternelles.

Dieu eft la bonté, la fource éternelle de tous les biens : il aime toutes les créatures qu'il a formées. Il faut donc penfer & agir d'une maniére digne de cette bonté, fentir qu'on a tout reçu de lui, lui rendre gloire de tout, ne fe fervir de fes biens que comme de degrés pour nous élever jufques à lui; connoître sa misére & son indigence, desirer, demander, espérer tous les biens nécessaires à la destination de notre être, conserver dans tous les temps cette confiance inébranlable, & puiser dans cette bonté divine le motif d'un amour pur & constant : en un mot aucune perfection dans Dieu, qui n'offre un double lien éternel avec l'homme. Du côté de Dieu la protection, la vigilance, l'amour : du côté de l'homme, l'hommage de son esprit & de son cœur, la fidélité à tout ce que lui prescrit l'ordre.

Telle est donc la Religion essentielle : celle qui est tellement due à la nature de Dieu, tellement inséparable de la nature de l'homme, qu'on ne peut, sans les démentir, sans les détruire, nier ce rapport immuable & éternel. Les Philosophes qui étalent sans cesse avec emphase *la loi de nature*, (& cela pour dégrader, s'ils le pouvoient, pour traiter de préjugés toute Religion positive) ces Philosophes seront-ils enfin forcés de convenir que le Christianisme a pour base la Religion essentielle la plus parfaite ? Oui, l'Evangile consacre *ces liens de nature*. Ces liens qui forment l'ado-

ration, la reconnoiſſance, l'amour, la
foumiſſion, la confiance, la fidélité
exacte à toute la loi ; ces liens qui
conſtituent l'équité, l'humanité, la probité, le patriotiſme, tout ce qui peut
unir les hommes, il les reconnoît
comme des liens éternels. Indépendans
de la création même des êtres, ils exiſtent dans les idées de l'ordre ; ils exiſ-
teront dans toute l'étenduë des ſiécles. Que
Dieu tire encore du néant des millions
d'univers, déja leur loi eſt préparée ;
puiſqu'elle eſt écrite dans le ſein de
Dieu, & dans le prototype de leur
être. Liens néceſſaires : rien ne peut y
ſuppléer : on imagineroit tous les caractéres les plus expreſſifs de Religion ;
ils ſont vains & chimériques, ſi la Religion eſſentielle n'en eſt la tige & l'appui. Liens immuables : gravés néceſſairement dans la nature de l'homme,
dans le ſein même de la divinité, ils
ne peuvent non plus être changés, que
l'Etre divin. Liens indiſpenſables : que
Dieu en révele de nouveaux, de ſublimes ; qu'il forme des rites, un culte
pompeux ; tous les devoirs poſitifs,
quoique ſacrés, loin de diſpenſer des
devoirs éternels, ne peuvent que les

renouveller, les affermir. Liens universels : les rites peuvent être différens ;
Dieu pourroit les varier sur le nombre
des peuples ; mais les loix de nature
sont pour tous. La loi, c'est la sagesse,
l'autorité de Dieu même : dès-lors
elle forme la Religion de tous les peuples, de tous les siécles, & de tous les
êtres.

SECTION SECONDE.

Lien positif entre Dieu & l'homme.

TEXTES.

Plantaverat Dominus Deus paradisum voluptatis à principio, in quo posuit hominem quem formaverat... Præcepitque ei, dicens: Ex omni ligno paradisi comede; de ligno autem scientiæ boni & mali ne comedas. In quocumque enim die comederis ex eo, morte morieris. *Gen.* 2. 8. 16. 17.

Le Seigneur Dieu avoit planté dès le commencement un jardin délicieux, dans lequel il mit l'homme qu'il avoit formé.... Il lui fit aussi ce commandement, (*) & lui dit: Mangez de tous les fruits des arbres du paradis; mais ne mangez point du fruit de l'arbre de la science du bien & du mal. Car au même temps que vous en aurez mangé, vous mourrez très-certainement.

(*) Dieu éleva librement Adam à l'état surnaturel. Adam perdit librement ses priviléges: de là son malheur. Ce rapport, cette hypothèse n'est point précisément le lien éternel, mais un nouveau lien ajouté à celui-là.

TEXTES.

La femme considérant que le fruit de cet arbre étoit bon à manger, qu'il étoit beau & agréable à la vuë, & en ayant pris, elle en mangea, & en donna à son mari, qui en mangea aussi.... Alors le *Seigneur* appella Adam, & lui dit : Où êtes-vous ? Adam lui répondit : J'ai entendu votre voix dans le paradis, & j'ai eu peur, parce que j'étois nud ; c'est pourquoi je me suis caché. Le Seigneur lui répartit : Et d'où avez-vous sçu que vous ériez nud, sinon de ce que vous avez mangé du fruit de l'arbre dont je vous avois défendu de manger ? .... Dieu dit à la femme : Je vous affligerai de plusieurs maux pendant votre grossesse : vous enfanterez dans la douleur : vous

Vidit mulier quòd bonum esset lignum ad vescendum, & pulchrum oculis, aspectuque delectabile : & tulit de fructu illius, & comedit ; deditque viro suo, qui comedit.... Vocavitque Dominus Deus Adam, & dixit ei : Ubi es ? Qui ait : Vocem tuam audivi in paradiso ; & timui, eò quòd nudus essem, & abscondi me. Cui dixit : Quis enim indicavit tibi quòd nudus esses, nisi quòd ex ligno de quo præceperam tibi ne comederes, comedisti ?... Mulieri quoque dixit : Multiplicabo ærumnas tuas & conceptus tuos : in dolore paries filios, & sub viri potestate eris ; & ipse dominabitur tui. Adæ verò dixit : Quia audisti vocem uxo-

TEXTES.

nis tuæ, & co-
medifti de ligno
ex quo præcepe-
ram tibi ne co-
mederes, male-
dicta terra in ope-
re tuo : in labo-
ribus comedes ex
ea cunctis diebus
vitæ tuæ. Spinas
& tribulos ger-
minabit tibi, &
comedes herbam
terræ. In fudore
vultûs tui vefce-
ris pane, donec
revertaris in ter-
ram de qua fumpt-
us es; quia pul-
vis es, & in pul-
verem reverte-
ris.... Et emifit
eum Dominus
Deus de paradifo
voluptatis;ut ope-
raretur terram de
qua fumptus eft.
Ejecit que Adam,
& collocavit ante
paradifum volup-
tatis cherubim, &
flammeum gla-
dium atque ver-
fatilem, ad cuf-
todiendam iam
ligni vitæ. *Gen. 3.*
6. 9. & *feqq.*

ferez fous la puiffance de votre mari, & il vous dominera. Il dit enfuite à Adam : Parce que vous avez écouté la voix de votre femme, & que vous avez mangé du fruit de l'arbre dont je vous avois défendu de manger, la terre fera maudite à caufe de ce que vous avez fait, & vous n'en tirerez de quoi vous nourrir pendant toute votre vie qu'avec beaucoup de travail. Elle vous produira des épines & des ronces, & vous vous nourrirez de l'herbe de la terre. Vous mangerez votre pain à la fueur de votre vifage, jufqu'à ce que vous retourniez en la terre d'où vous avez été tiré : car vous êtes poudre, & vous retournerez en poudre.... Le Seigneur Dieu le fit fortir enfuite du jardin

TEXTES.

délicieux pour travailler à la culture de la terre dont il avoit été tiré : & l'en ayant chaffé, il mit des Chérubins devant le jardin de délices, qui faifoient étinceler une épée de feu pour garder le chemin qui conduifoit à l'arbre de vie.

Un joug pefant accable les enfans d'Adam depuis le jour qu'ils fortent du fein de leur mere jufqu'au jour de leur fépulture, où ils rentrent dans la mere commune de tous.

Jugum grave fuper filios Adam à die exitûs de ventre matris eorum ufque in diem fepulturæ in matrem omnium. *Eccli.* 40. 1.

Le Seigneur dit à Abraham : (*) Sortez de votre pays, de votre parenté, & de la maifon de votre pere ; & venez en la terre que je vous montrerai. Je ferai fortir de vous un grand peuple ;

Dixit Dominus ad Abram : Egredere de terra tua, & de cognatione tua, & de domo patris tui, & veni in terram quam monftrabo tibi. Faciamque te in gentem magnam, & benedicam ti-

(*) Vocation d'Abraham, choix de fa poftérité, légiflation de Moyfe, autant de liens pofitifs.

TEXTES.

bi , & magnificabo nomen tuum, erisque benedictus... In te benedicentur universæ cognationes terræ. *Gen.* 12. 1. *& seqq.*

Venit Moyses & narravit plebi omnia verba Domini , atque judicia. Responditque omnis populus una voce : Omnia verba Domini quæ locutus est, faciemus.... Assumensque volumen fœderis legit , audiente populo... Ille verò sumptum sanguinem respersit in populum , & ait : Hic est sanguis fœderis quod pepigit Dominus vobiscum super cunctis sermonibus his. *Exod.* 24. 3. *& seqq.*

Hodie factus es populus Domini Dei tui : audies

je vous bénirai , je rendrai notre nom célébre , & vous serez béni.... & toutes les peuples de la terre seront bénis en vous.

Moyse vint rapporter au peuple toutes les ordonnances du Seigneur. Et le peuple répondit tout d'une voix : Nous ferons tout ce que le Seigneur a dit.... Il prit ensuite le livre où l'alliance étoit écrite , & il le lut devant le peuple qui l'écoutoit attentivement.... Alors prenant le sang qui étoit dans les coupes , il le répandit sur le peuple , & il dit : Voici le sang de l'alliance que le Seigneur a faite avec vous , afin que vous accomplissiez toutes ces choses.

Vous êtes devenu aujourd'hui le peuple du

TEXTES.

Seigneur votre Dieu : écoutez donc sa voix, & observez les préceptes & les ordonnances que je vous prescris.... Ceux-ci se tiendront sur la montagne de Garizim pour bénir le peuple... Ceux-là se tiendront de l'autre côté sur le mont Hébal pour le maudire. Et les Lévites prononceront ces paroles à haute voix, & les diront devant tout le peuple d'Israël.... & tout le peuple répondra & dira : Amen.

vocem ejus, & facies mandata atque justitiasquas ego præcipio tibi... Isti stabunt ad benedicendum Domino super montem Garizim..... Isti stabunt ad maledicendum in monte Hebal... Et pronuntiabunt Levitæ, dicentque ad omnes viros Israel excelsâ voce... & respondebit omnis populus, & dicet: Amen. *Deut.* 27. 9.

Parlez aux enfans d'Israël, & dites-leur : Lorsqu'un homme ou une femme auront fait un vœu de se sanctifier , (*) & qu'ils auront voulu se consacrer au Seigneur ; ils

Loquere ad filios Israel , & dices ad eos : Vir five mulier , cùm fecerint votum ut sanctificentur , & se voluerint Domino consecrare, à vino & omni quod ine-

______

(*) Les vœux , les rites approuvés , font des liens positifs, mais sacrés.

TEXTES.

briare poteſt, abſtinebunt... Iſta eſt lex Nazaræi. *Num. 6. 2. & ſeqq.*

Hæc dicit Dominus exercituum, Deus Iſrael : Vade, & dic viris Juda, & habitatoribus Jeruſalem : Numquid non recipietis diſciplinam, ut obediatis verbis meis , dicit Dominus ? Prævaluerunt ſermones Jonadab filii Rechab , quos præcepit filiis ſuis ut non biberent vinum ; & non biberunt uſque ad diem hanc , quia obedierunt præcepto patris ſui. Ego autem locutus ſum ad vos de mane conſurgens & loquens , & non obediſtis mihi. *Jer.* 35. 13. 14.

s'abſtiendront de vin , & de tout ce qui peut enyvrer.... C'eſt là la loi du Nazaréen.

Voici ce que dit le Seigneur des armées , le Dieu d'Iſraël : Allez , dites au peuple de Juda , & aux habitans de Jeruſalem : Ne vous corrigerez-vous jamais , & n'obéirez-vous jamais à mes paroles , dit le Signeur ? Les paroles de Jonadab fils de Réchab , par leſquelles il commanda à ſes enfans de ne point point boire de vin , ont fait une telle impreſſion ſur eux , qu'ils n'en ont point bû juſqu'à ce jour, & qu'ils ont toujours obéi au commandement de leur pere. Mais pour moi je vous ai parlé , & je n'ai pas manqué de vous inſtruire ; & cependant vous ne m'avez point obéi.

TEXTES.

L'Ange Gabriel fut envoyé de Dieu en une ville de Galilée, appellée Nazareth, à une vierge qu'un homme de la maison de David, nommé Joseph, avoit épousée : & cette vierge s'appelloit Marie. … L'Ange lui dit : Ne craignez point, Marie ; car vous avez trouvé grace devant Dieu : vous concevrez dans votre sein, & vous enfanterez un fils, à qui vous donnerez le nom de Jesus. (*) Il sera grand & sera appellé le Fils du Très-haut : le Seigneur lui donnera le thrône de David son pere; il régnera éternellement sur la maison de Jacob, & son regne n'aura point

Missus est Angelus Gabriel à Deo in civitatem Galilææ, cui nomen Nazareth, ad virginem desponsatam viro, cui nomen erat Joseph, de domo David ; & nomen virginis Maria. .. Et ait Angelus ei : Ne timeas, Maria ; invenisti enim gratiam apud Deum : ecce concipies in utero, & paries filium, & vocabis nomen ejus Jesum. Hic erit magnus, & Filius Altissimi vocabitur : & dabit illi Dominus Deus sedem David patris ejus ; & regnabit in domo Jacob in æternum : & regni ejus non erit finis. Dixit autem Maria ad Ange-

(*) L'incarnation du Verbe, sa médiation, sa doctrine, son culte, forme un lien positif : il vient de la pure bonté de Dieu.

TEXTES.

tum : Quomodò fiet istud ; quoniam virum non cognosco ? Et respondens Angelus dixit ei : Spiritus sanctus superveniet in te, & virtus Altissimi obumbrabit tibi. Ideòque & quod nascetur ex te Sanctum , vocabitur Filius Dei... Ecce ancilla Domini : fiat mihi secundùm verbum tuum. *Luc.* **1.** 26. *& suqq.*

Verbum caro factum est , & habitavit in nobis : & vidimus gloriam ejus, gloriam quasi Unigeniti à Patre , plenum gratiæ & veritatis... Lex per Moysen data est ; gratia & veritas per Jesum Christum facta est. *Joan.* 1. 14. 17.

Hic est Filius

de fin. Alors Marie dit à l'Ange : Comment cela se fera t-il, car je ne connois point d'homme? L'Ange lui répondit : Le Saint-Esprit surviendra en vous, & la vertu du Très-haut vous couvrira de son ombre. C'est pourquoi le fruit saint qui naîtra de vous , sera appellé le Fils de Dieu.... Voici la servante du Seigneur : qu'il me soit fait selon votre parole.

Le Verbe a été fait chair, & il a habité parmi nous : & nous avons vu sa gloire, sa gloire, dis-je, comme du Fils unique du Pere, étant plein de grace & de vérité... La loi a été donnée par Moyse ; mais la grace & la vérité a été apportée par Jesus-Christ.

Celui-ci est mon Fils

TEXTES.

bien-aimé, dans lequel j'ai mis toute mon affection: (*) écoutez-le.

meus dilectus, in quo mihi benè complacui : ipsum audite. *Matth.* 17. 5.

Je sçais que le Messie (c'est-à-dire, le Christ) doit venir : lors donc qu'il sera venu, il nous annoncera toutes choses. Jesus lui dit : C'est moi-même qui vous parle.

Scio quia Messias venit (qui dicitur Christus :) cùm ergo venerit ille, nobis annuntiabit omnia. Dicit ei Jesus: Ego sum qui loquor tecum. *Joan.* 4. 25. 26.

Oui, je vous le dis & je vous en assure, que nous disons ce que nous sçavons, & que nous rendons témoignage de ce que nous avons vu... Personne n'est monté au ciel, que celui qui est descendu du ciel, sçavoir le Fils de l'homme qui est dans le ciel.

Amen, amen dico tibi, quia quod scimus loquimur, & quod vidimus testamur. Nemo ascendit in cœlum, nisi qui descendit de cœlo, Filius hominis qui est in cœlo. *Joan.* 3. 11. 13.

Les peuples étoient dans l'admiration de sa doc-

Admirabantur turbæ super doctrina ejus : erat

______

(*) Les vérités Evangéliques révélées par celui qui en est la source. Toute révélation est un don, un lien positif.

TEXTES.

enim docens eos, ficut poteftatem habens, & non ficut Scribæ eorum & Pharifæi. *Matth.* 7. 28. 29.

Ego te clarificavi fuper terram... Manifeftavi nomentuum hominibus. *Joan.* 17. 4. 6.

Nobis revelavit Deus per Spiritum fuum : Spiritus enim omnia fcrutatur, etiam profunda Dei. *I. Cor.* 2. 10.

Cùm autem placuit ei qui me fegregavit ex utero matris meæ, & vocavit per gratiam fuam, ut revelaret Filium fuum in me... continuò non acquievi carni & fanguini. *Galat.* 1. 15. 16.

trine : car il les inftruifoit comme ayant autorité, & non pas comme leurs Scribes ni comme les Pharifiens.

Je vous ai glorifié fur la terre.... J'ai fait connoître votre nom aux hommes.

Dieu l'a révélé par fon Saint-Efprit, parce que l'Efprit pénétre tout, & même ce qu'il y a de plus caché dans la profondeur de Dieu.

Lorfqu'il a plu à Dieu qui m'a choifi particuliérement dès le ventre de ma mere, & qui m'a appellé par fa grace, de me révéler fon Fils, afin que je le prêchaffe parmi les nations,(*) je l'ai fait auffitôt fans prendre confeil de la chair & du fang.

(*) Les Apôtres choifis pour manifefter les vérités révélées.

TEXTES.

Il n'a point été découvert aux enfans des hommes dans les autres temps, comme il est révélé maintenant par le Saint-Esprit à ses saints Apôtres & aux Prophétes.... afin que vous puissiez comprendre avec tous les *Saints* quelle est la largeur, la longueur, la hauteur & la profondeur de ce mystére, & connoître l'amour de Jesus-Christ envers nous qui surpasse toute connoissance.

Aliis generationibus non est agnitum , filiis hominum , sicuti nunc revelatum est sanctis Apostolis ejus & Prophetis... ut positis comprehendere cum omnibus Sanctis quæ sit latitudo,& longitudo , & sublimitas , & profundum : scire etiam supereminentem scientiæ charitatem Christi. **Eph.** 3. 5. 18. 19.

On y découvre aussi la colére de Dieu qui éclatera du ciel contre toute impiété & l'injustice des hommes , (*) qui retiennent la vérité de Dieu

Revelatur ira Dei de cœlo super omnem impietatem & injustitiam hominum eorum qui veritatem Dei in injustitia detinent.. Tradidit illos

(*) L'aveuglement, la corruption de la Philosophie ancienne , dépose pour la nécessité de la révélation. Si les prétendus Sages étoient si déréglés , qu'étoient donc le commun des Payens ?

TEXTES.

Deus in repro-
bum fenfum, ut
faciant ea quæ
non conveniunt,
repletos omni ini-
quitate, malitiâ,
fornicatione, a-
varitiâ, nequitiâ,
plenos invidiâ,
homicidio, con-
tentione, do-
lo, malignitate...
qui cùm juftitiam
Deicognoviffent,
non intellexerunt
quoniam qui talia
agunt digni funt
morte. *Rom.* 1.
18. 28. *& feqq.*

dans l'injuftice.... C'eft
pourquoi Dieu les a li-
vrés à un fens dépravé;
en forte qu'ils ont fait des
actions indignes de l'homme, qu'ils ont été rem-
plis de toute forte d'in-
juftice, de méchanceté,
de fornication, d'avari-
ce, de malignité : ils ont
été envieux, meurtriers,
querelleurs, trompeurs....
& après avoir connu la
juftice de Dieu, ils n'ont
pas compris que ceux qui
font ces chofes, font di-
gnes de mort.

Ubi fapiens ?
ubi fcriba ? ubi
conquifitor hujus
fæculi ? Nonne
ftultam fecit Deus
fapientiam hujus
mundi? Nam quia
in Dei fapientia
non cognovit
mundas per fa-
pientiam Deum,
placuit Deo per
ftultitiam prædi-
cationis falvos

Que font devenus les
fages ? Que font devenus
ces efprits curieux des
fciences de ce fiécle?
Dieu n'a-t-il pas con-
vaincu de folie la fageffe
de ce monde? Car Dieu
voyant que le monde avec
la fageffe humaine ne
l'avoit point connu dans

TEXTES.

les ouvrages de la sagesse divine, il lui a plu de sauver par la folie de la prédication ceux qui croiroient en lui. *facere credentes.* I. *Cor.* I. 20. 21.

Vous n'étiez autrefois que ténébres ; mais maintenant vous êtes lumiére en notre Seigneur : marchez comme des enfans de lumiére. *Eratis aliquando tenebræ, nunc autem lux in Domino : ut filii lucis ambulate. Eph.* 5. 8.

Ils ont l'esprit plein de ténébres. *Tenebris obscuratum habentes intellectum. Ephes.* 4. 18.

Soyez comme des enfans obéissans, évitant de devenir semblables à ce que vous étiez autrefois, lorsque dans votre ignorance vous vous abandonniez à vos passions. *Filii obedientiæ, non configurati prioribus ignorantiæ vestræ desideriis. I. Petr.* 1. 14.

Dieu qui a commandé que la lumiére sortît des ténébres, a lui-même voulu éclairer nos cœurs. *Deus qui dixit de tenebris lucem splendescere, ipse illuxit in cordibus nostris. II. Cor.* 4. 6.

Vous êtes le peuple conquis, afin que vous annonciez les grandeurs *Vos ... populus acquisitionis, ut virtutis annuntietis ejus (Dei) qui*

TEXTES.

qui de tenebris vos vocavit in admirabile lumen suum. *I. Petr.* 2. 9.

de Dieu qui vous a appellés des ténébres à son admirable lumiére.

Annuntiantes vobis, ab his vanis converti ad Deum vivum... qui in præteritis generationibus dimisit omnes gentes ingredi vias suas. *Act.* 14.14. 15.

Nous vous annonçons que vous vous convertissiez de ces vaines superstitions au Dieu vivant... qui a dans les siécles passés laissé marcher toutes les nations dans leurs voies.

Irritam quis faciens legem Moysi, sine ullâ miseratione, duobus vel tribus testibus moritur : quantó magìs putatis deteriora mereri supplicia, qui Filium Dei conculcaverit, & sanguinem testamenti pollutum duxerit... & spiritui gratiæ contumeliam fecerit? *Hebr.* 10. 28. 29.

Celui qui a violé la loi de Moyse, est condamné à mort sans miséricorde, (*) sur la déposition de deux ou trois témoins : combien donc croyez-vous que celui-là sera jugé digne d'un plus grand supplice, qui aura foulé aux pieds le Fils de Dieu, qui aura tenu pour une chose vile & profane le sang de l'al-

(*) Autorité respectable & redoutable des liens positifs. Tout ce que Dieu prescrit, est une loi sacrée.

TEXTES.

liance.... & qui aura fait outrage à l'esprit de la grace.

Dieu voulant aussi faire voir avec plus de certitude aux héritiers de la promesse la fermeté immuable de sa résolution, a ajouté le serment à sa parole; afin qu'étant appuyés sur ces deux choses inébranlables, par lesquelles il est impossible que Dieu nous trompe, nous ayons une puissante consolation.

Abundantius volens Deus ostendere pollicitationis hæredibus immobilitatem consilii sui, interposuit jusjurandum; ut per duas res immobiles quibus impossibile est mentiri Deum, fortissimum solatium habeamus. Hebr. 6. 17. 18.

LE lien éternel renferme tout ce que Dieu, par l'exigence de ses perfections adorables, se doit à lui-même de donner à l'homme, & tout ce que l'homme doit à Dieu, les dons de Dieu étant d'un côté proportionnés à la nature & à la destination de l'homme, & les devoirs de l'homme relatifs aux dons de Dieu.

Ces liens naturels & nécessaires n'épuisent pas tous les liens possibles. Dieu

peut donner à l'homme plus qu'il ne
lui doit. Son esprit est fait pour connoître des vérités ; mais la mesure en est
bornée. Dieu peut lui en manifester
d'autres encore qu'il n'auroit jamais at-
teints. Son cœur est fait pour l'ordre &
le bonheur : il peut lui inspirer des vertus plus parfaites, l'élever à un bonheur
plus noble. Loin que cette destination
supérieure soit contraire à l'ordre, elle
est très-conforme à la bonté & à la puissance du premier Etre qui se plaît à se
répandre dans ses créatures. Tout ce qui
naît des liens éternels, forme l'*état natu-*
rel : tout ce que Dieu a ajouté à ces
liens, soit en genre de dons, soit en
genre de devoirs, forme l'*état surna-*
turel, ainsi appellé ; parce que n'étant
point dû à la nature de l'homme, cette
élévation est une destination plus noble & purement gratuite.

Telle a été l'hypothèse du genre humain. Dieu, par un pur effet d'un amour
très-libre, combla Adam d'une abon-
dance de biens qui n'entroient point
dans le plan de sa nature : il le destina
à une félicité immense & surnaturelle,
& lui donna les secours les plus puissans pour l'atteindre. Adam, par un triste

effet de sa liberté, abusa des lumiéres
& des dons de son Auteur : il perdit
par ce crime énorme son bonheur &
celui de sa postérité. Dieu pouvoit le
laisser dans cet état de dégradation ; mais
par un nouveau trait de bonté il daigne
l'en tirer, en lui rendant sa fin surnaturelle
& de nouveaux moyens pour y arriver.
Sans entrer dans un détail déja connu,
tout ce qui forme l'ensemble de la Religion Chrétienne, les vérités surnatu-
relles qu'elle annonce, les devoirs qu'elle
impose, les biens qu'elle offre ; voilà
nos liens positifs : liens qui portent essentiellement sur la base des liens éternels.

Ces rapports, ces devoirs nouveaux,
sans être éternels par eux-mêmes, rentrent dans l'obligation des devoirs éternels ; & en voici le nœud qui les unit.
L'homme doit croire les vérités que la
raison lui montre ; parce que, s'il s'y
refusoit, il iroit contre ses saines lumiéres & contre la vérité de Dieu qui
se manifeste à lui : il violeroit donc le
précepte de l'ordre qui l'astreint à un
usage sensé de la raison. Voilà un devoir éternel. Même lien à l'égard des
vérités positives, c'est-à-dire, des véri-

tés ultérieures que Dieu daigne lui montrer. Quoique ce soit par un autre canal que par celui de la raison, dès-lors que la manifestation vient de Dieu, c'est là une preuve si certaine, si infaillible, qu'elle équivaut aux raisonnemens les plus évidens, & qu'elle forme les mêmes devoirs. Ainsi comme il est *un devoir éternel* de croire les autres vérités annoncées par le Seigneur, puisque son témoignage est aussi vrai que celui de la raison : comme il est *un devoir éternel* d'observer la loi morale de la nature, il en est un d'observer toute autre loi que Dieu impose.

Tel est le point qui distingue & qui réunit le devoir éternel & positif. Celui-là est fondé sur l'essence des choses : Dieu ne peut non plus créer l'homme sans le lui imposer, que créer la matiére sans la rendre étendue & divisible. Le devoir positif dépend d'une volonté libre de Dieu : il nous a librement manifesté des vérités que la raison n'auroit jamais atteintes : il nous a librement destiné une fin & des moyens supérieurs à la nature. Mais une fois ces vérités manifestées, ces loix imposées, le devoir d'y être fidéle est tout à la fois positif & éternel. Il est positif, puisqu'il auroit pu ne pas exister. Il est éternel, parce qu'il est un précepte éternel d'obéir à toute vérité , & à toute loi qui vient de Dieu.

Mais puisque la raison garde un profond silence sur ces liens positifs , quel est donc le moyen de les constater avec certitude ? Le voici. Toute vérité nous vient de Dieu : or quoiqu'il nous parle par la voie de la saine raison , il peut nous manifester lui-même des vérités qui ne sont pas dans la sphère étroite du raisonnement humain, & les attester par des caractéres de divinité : c'est ce qu'il a fait dans la Religion Chrétienne. Tous nos rapports positifs portent sur deux faits liés ; la chute , & la réparation de l'homme. Une fois attestés par la Vérité éternelle , prouvés par la Puissance infinie , ils sont aussi certains que si la raison les démontroit directement. L'oracle divin prouvé , voilà ce qu'on appelle *révélation* , & ce qui nous présente toute la certitude & toute l'économie de nos liens positifs.

Avant que de proposer la révélation , observons une chose intéressante. Le péché d'Adam , comme *fait* , n'a aucun trait à la raison : mais la dégradation qui en est la suite , peut sous une face être l'objet de la raison ; parce qu'étant un ravage universel du genre humain , on peut examiner si cette nouvelle *trempe des cœurs* est analogue ou non à la naturelle. Si elle lui est analogue, s'il n'y a rien dans l'homme actuel qui ne soit possible dans une nature sortie du sein de Dieu , alors ce ravage ne peut être prouvé par la raison , quand même il existeroit. Supposons, par exemple, qu'Adam n'eût perdu que ses priviléges au dessus de la nature, il seroit encore dans un état réglé ; & alors la raison ne pourroit pas dire qu'il est tombé d'un état supérieur. Mais ce ravage , en lui enlevant ses priviléges , l'a précipité dans un état de misère & de déréglement dont sa nature saine & équitable n'est pas susceptible.

Comme il est vrai que tout être ne peut sortir des mains de Dieu avec tant d'écarts & de cupidités , il est vrai que cet état de dépravation annonce une source qui est dans nous. La raison ne dira pas le détail ; elle dépose simplement pour le fait , & prouve qu'Adam a perdu le genre humain ; parce qu'il impliqueroit (fans ce crime) qu'il fût dans cet état d'injuftice & de défordre. Tirons cette preuve de fait de trois impoffibilités métaphyfiques : impoffibilité de fes miféres, de fes ténébres, & de fes penchans. Quel trait confolant de lumiéres ! Rien d'abord ne paroît plus profond, plus incompréhenfible que la chute & la dégradation de l'homme : & ce que la révélation nous apprend fur cet étonnant myftére, déja la raifon le cherche, déja elle l'infinue.

Premiére preuve : incompatibilité des miféres de l'homme (en les fuppofant naturelles) avec la bonté de Dieu. Amour & félicité par effence, il doit en imprimer les caractéres fur tous les êtres libres, autant que leur état le comporte. Il eft des miféres poffibles conformes à notre deftination, ou à nos fautes, la créature n'étant non plus impaffible, qu'impeccable. Mais des miféres générales de l'efpéce entiére : des miféres qui précédent, qui accompagnent la naiffance : des miféres qui arment les faifons, les élémens, la terre ; qui la rendent ftérile & maudite : des miféres qui préfentent des fléaux d'opprobre & d'horreur , qui forment les deſtructions les plus cruelles : des miſéres qui naiſſent de l'eſprit , du corps & du cœur ; ces miſéres (& jamais le plus triſte pinceau n'en pourra peindre l'image avec aſſez d'énergie & de ſentiment ,) ces miſéres , ſous un Dieu juſte , ſage , bon , qui ne nous a créés que pour le bonheur , annoncent viſiblement l'écart & la révolte des créatures.

Seconde preuve : l'incompatibilité des ténébres avec l'équité de Dieu. L'eſprit eſt ſuſceptible d'erreurs ; mais enfin il doit avoir les lumiéres néceſſaires à ſon état & à ſa fin. Un Dieu ſage pouvoit-il former des êtres , ſans leur apprendre qu'il eſt leur auteur , qu'il exige tel hommage , qu'il leur prépare tel ſort ? Or les hommes ont preſque tous ignoré ces vérités. Parcourons les ſiécles les plus lumineux. On découvre en même temps de brillans progrès en tout genre , & ſur les objets de la Religion une nuit profonde , une ignorance qui tient de la ſtupidité. Les Philoſophes eux-mêmes , c'eſt-à-dire , les ſeuls qui dans ce ſommeil univerſel ſemblent avoir réfléchi ; les Philoſophes , parmi des recherches profondes , curieuſes , mais abſtraites &

stériles, ont toujours ignoré Dieu & l'homme. De là quelle induction pour le reste du genre humain ! Presque toujours abruti dans les sens, jamais il n'a pu s'élever à la connoissance des vérités de la Religion & de la Morale : & nous languirions encore dans les mêmes ténébres, si des leçons étrangéres ne nous avoient instruits. Or Dieu, qui est la vérité, qui veut que nous connoissions, que nous aimions la vérité, auroit-il pu nous laisser dans l'impossibilité d'y parvenir ? Il implique qu'il veuille une destination, une fin, & qu'il en ôte les moyens ; qu'il ait créé les êtres intelligens pour la vérité, & qu'il les ait abandonnés aux ténébres. Car ce ne sont point ici des ténébres volontaires & rapides, auxquels les hommes ont pu se livrer par un écart libre de la raison : ce sont des ténébres universelles, des ténébres originelles qui enseveliscent dès sa naissance le genre humain tout entier, qui prouvent que Dieu s'est caché, parce qu'il étoit indigne de le voir.

Troisiéme preuve : incompatibilité des penchans déréglés de l'homme avec la sainteté de Dieu. La pente aux biens sensibles peut être légitime, quand elle eſt proportionnée aux beſoins phyſiques, & dirigée par la raiſon. Mais une pente effrénée des paſſions fougueuſes ne peut former l'état naturel & raiſonnable. Non-ſeulement nous ſommes portés aux biens ſenſibles relatifs à notre conſervation & à notre repos : mais ces biens ſi minces, nous les aimons, nous les adorons; & pour nous les procurer, nous violons toutes les loix. L'ame n'eſt rien, la vertu n'eſt rien; l'éternité, la vraie félicité ne ſont rien, dès que le corps parle. Sans détailler la profondeur de cette corruption univerſelle, il ſuffit de jetter un regard ſur les ſiécles, ſur le théâtre du monde : il ſuffit d'interroger ſon propre cœur. On n'y voit qu'un éloignement humiliant & funeſte du bien, une pente rapide vers le mal : c'eſt là ou plus ou moins le fond de tous les hommes, & un caractére frapant d'injuſtice & de déſordre.

Quoique l'abus de la liberté puiſſe produire des écarts, & qu'en toute hypothèſe on apperçoive des veſtiges de la foibleſſe & de l'imperfection des créatures, rien de ſemblable entre ces fautes rapides & le penchant effréné du genre humain au mal. La liberté

suppose du moins une sorte d'indifférence active : ici la pente au mal est si
vive, que ce langage de séduction
semble identifié, si l'on peut ainsi dire,
avec notre propre nature.

Or Dieu étant auteur de la loi ne
l'est jamais du désordre. En imposant
ses préceptes, il ne peut y mettre dans
nos cœurs un obstacle invincible. Tout
être qui sort de ses mains, doit présenter l'empreinte de son auteur, un caractére de raison, d'innocence & de
rectitude. Ainsi l'homme, quoique suf-
ceptible d'égarement, parce qu'il est fini,
doit avoir plus d'attrait pour le bien que
pour le mal, doit chérir la vertu & le
fort de l'ame par préférence aux sensations du corps. Si donc on voit à peine
les vestiges de l'ordre, tandis que les
caractéres d'iniquité sont profonds, &
en quelque sorte ineffaçables, ce changement prodigieux, qui ne peut venir
d'un Dieu, sainteté par essence, vient
nécessairement de l'homme. Quand nous
en ignorerions la vraie cause, toujours
existe-t-elle, & ne peut exister que dans
nous.

En vain les Philosophes, pour nier
cette cause, (base de la Religion ré-

vélée,) voudroient-ils perfuader que *tout
eft bien*, que l'homme eft ce·qu'il dois
être. Leurs fophifmes ne détruiront pas
l'impoffibilité d'un être malheureux &
coupable. Alors même qu'il fort d'un
Dieu effentiellement faint & bon, encore une fois l'homme ayant un corps
eft paffible, eft fufceptible de maux;
mais il ne doit pas vivre de larmes &
arrofer de fueurs une terre ingrate &
une nourriture infipide. L'efprit étant
borné connoît peu de vérités , & peut
tomber dans l'erreur ; mais il ne peut
s'ignorer lui-même, ignorer fon auteur,
fon devoir, fa fin. Le cœur étant libre
peut faire un mauvais choix; mais il
ne peut avoir dans lui une impreffion fatale qui étouffe l'amour du bien.
On ne connoît point dans un être
auffi pervers le caractére de fon auteur.
Tous fes ouvrages annoncent fa fageffe profonde. N'y auroit-il donc que
l'homme, le Roi, le chef d'œuvre, la
fin de l'univers, qui par fon défordre
originel démentiroit la fageffe & les
perfections du premier Etre? Non: il
eft évident, encore une fois, que ces
défordres viennent de fa volonté libre
& perverfe.

De là naît la solution d'une énigme d'ailleurs impénétrable. L'homme sous les ombres, sous le contraste de son être, ne nous offre plus qu'une image de vérité & de simplicité. D'un côté il n'est que misère & indigence : l'opprobre, les travaux, les larmes, les douleurs, les revers, les maladies, la mort ; voilà son triste partage. De l'autre il porte un desir ardent & éternel du bonheur. Supérieur à tous les biens créés, lassé, ennuyé par ces biens, alors même qu'il les poursuit & qu'il les adore, il s'éleve jusques à Dieu, pour y puiser dans la source des biens. Ses passions même qui ne le subjuguent qu'en lui offrant un phantôme trompeur, annoncent la vivacité & la grandeur de ce desir de félicité, qui par son écart & son illusion produit tant de sentimens injustes.

D'un côté l'homme est dans l'ignorance & les ténébres. Préjugés, illusions, fausses idées, faux raisonnemens, tout lui cache les vérités les plus essentielles, tout le précipite dans l'erreur : de l'autre son esprit prend le vol, perce les sciences, approfondit la nature, traverse les cieux, va jusques dans le

fein de Dieu pour y fixer la vérité.
Comment allier tant de ténébres &
tant de lumiéres?

D'un côté l'homme eft en proie aux
paffions les plus déréglées : enflé par
l'orgueil, dévoré par l'envie, aigri
par la colére, attiré par les richeffes,
féduit par les plaifirs, confumé par la
volupté, dégradé par l'intempérance,
il préfere un bonheur imaginaire & criminel à la loi. De l'autre les remors
l'annoncent & la vengent cette loi. Les
veftiges fecrets d'ordre & de vertu
montrent les traits primitifs du Créateur : le cœur fe condamne alors même qu'il cherche fon faux bonheur.
Il fent que, quoique entraîné vers le
vice, il eft fait pour la vertu : il ra-
nime fes forces pour triompher de fes
penchans, pour fuivre la loi, malgré
leurs cris féducteurs.

Or ce contrafte, que la raifon ne
comprendroit jamais, devient fimp'e &
naturel d'après la notion de notre état
pofitif. Ce double caractére naît d'une
double caufe. Les traits de grandeur,
de félicité, de vérité & d'innocence,
viennent de Dieu : on y reconnoît
l'empreinte de celui qui ne peut for-

mer des êtres, fans leur communiquer les attributs de l'ordre & de l'équité. Les traits de miſére, d'injuſtice & de paſſions, viennent de l'homme. Il ne peut y être expoſé fans l'avoir mérité, & il ne peut l'avoir mérité que par le choix déréglé de fon cœur. Voilà un point fixe de lumiére qui porte le jour dans ces ombres. Quand nous ne ſçaurions pas la cauſe préciſe de ce phénomène effrayant, il ne faut que connoître Dieu pour ſentir évidemment qu'elle n'eſt pas de lui. Donc elle eſt de l'homme; la conſéquence eſt géométrique.

C'eſt la ſeule cauſe raiſonnable de nos miſéres : toutes celles que l'homme a inventées, ne ſont que chimère ou impiété. Le hazard ne dit rien, ne rend raiſon de rien : la fatalité n'eſt qu'une néceſſité aveugle & injuſte, la métempſycoſe qu'un ſonge & une illuſion ; les deux principes de Manès qu'une abſurdité. Le péché originel ſeul eſt une cauſe profonde, mais ſage, de notre déréglement & de nos miſéres.

Ainſi donc ſe tire du fond de la raiſon même la connoiſſance de la dégradation du genre humain, par le parallele de son état actuel avec les traits d'une saine nature. Elle insinue encore la convenance de la réparation de notre sort, soit avec les perfections de Dieu; étant la sagesse & la bonté même, il est digne de lui de secourir des êtres misérables; soit avec nos besoins & l'origine de nos malheurs dont la source venoit, non de notre propre volonté, mais de celle d'Adam.

D'abord il n'est point étonnant que l'homme étant si foible, si malheureux, Dieu ait daigné le secourir; joindre aux vestiges de force & de lumiéres qui lui restoient, de nouvelles lumiéres, de nouveaux secours, & nous rendre notre fin : sa bonté y semble intéressée, & sa justice ne s'y oppose point. L'équité la plus exacte se concilie aisément dans le pardon des êtres nés malheureux & coupables. Il étoit digne de sa clémence infinie de les rétablir dans leur première destination.

La connoissance certaine du désordre *radical* où est le genre humain, la convenance très-réelle de sa réparation avec les perfections de Dieu, ne prouvent point encore le détail & l'existence précise de ces faits. La raison étant muette fur cet objet, nous ne pouvons en être fûrement inftruits que par le Seigneur lui - même : & quel moyen qu'il ait daigné prendre, c'eft *révélation* ; parce que tout ce qui ne naît pas directement de la raifon , tout ce qui n'eft pas dans fa fphère, ne peut venir que d'un moyen furnaturel, & conféquemment *révélé*. Eft-elle poffible , eft-elle certaine, eft-elle fage, eft-elle convenable & fuffifante ? Déve'opons ces caractéres.

D'abord la révélation eft poffible. Qu'eft-ce ? Un moyen différent des moyens ordinaires , & par lequel Dieu daïgne nous apprendre ou un fait, ou une vérité que la raifon n'auroit pu atteindre. Rien en cela ne furpaffe ni le pouvoir du Créateur , ni les facultés paffives de l'homme. Dieu, pour nous tranfmettre ou les idées , ou les fentimens, a choifi de fages moyens ; mais il ne les a pas épuifés. Il nous a donné cinq fens pour recevoir les impreffions des objets : ne pourroit-il pas les multiplier & graver de nouvelles fenfations encore ? Il nous éclaire par la voie du raifonnement : mais ce raifonnement n'a ni la méthode, ni la vivacité, ni l'étenduë de la conception des Anges. En un mot Dieu nous a donné nos orga-nes, nos facultés dans l'efpéce , dans la mefure, dans la gradation qu'il a librement choifis; & ce qu'il a donné, n'eft qu'une légere ébauche de la variété infinie de fes biens & de l'immenfité de fon pouvoir.

Il n'eft donc pas étonnant qu'il puiffe éclairer notre efprit par une voie nou-velle. Si les organes nous offrent tant de divers moyens pour graver dans nous des fenfations : fi Dieu peut encore y en ajouter d'inconnus , ne peut - il pas employer un moyen nouveau pour nous communiquer des vérités ? Qu'il les imprime comme par *fenfation* dans notre efprit : qu'il faffe entendre par tout l'univers une voix de tonnerre : ou bien qu'il choififfe des Miniftres pour révéler fes oracles , pour les en rendre les dépofitaires & les interprè-tes : qu'il appuie leur témoignage par des œuvres divines , pour leur impri-mer un fceau d'autorité & de grandeur : qu'il fe ferve d'autres moyens encore; ils font inépuifables. Inutilement ap-puyeroit-on fur la poffibilité de la ré-vélation ; le bon fens l'offre & la dé-montre.

D'après la révélation démontrée poſſible, le premier devoir de l'homme eſt
de la conſtater. L'examen eſt légitime,
eſt indiſpenſable pour ne point s'expoſer à adorer des chiméres en adoptant
une fauſſe révélation, ou à outrager la
vérité en réſiſtant aux oracles divins.

Le moindre regard ſuffit pour montrer l'abſurdité des prétendues révélations Payennes, (& même Muſulmanes,) toutes marquées au coin de l'extravagance & du délire. La raiſon gémit &
s'indigne de l'audace des impoſteurs
qui ont oſé donner leurs rêveries & leurs
caprices ſous le titre auguſte de révélation.

Ces menſonges impies, loin d'altérer
la vraie révélation, en rehauſſent l'éclat : le contraſte montre plus fortement encore l'oppoſition énorme de
l'impoſture & de la vérité. Ainſi les
Philoſophes concluent très-mal, lorſque ſur le prétexte de ces fauſſes révélations ils dédaignent de conſtater
la véritable. Puiſſans à nier ſans preuves, & même contre toutes les preuves : hardis à critiquer, à inſulter ; leurs
argumens les plus ordinaires contre l'Evangile, c'eſt l'ironie & la ſatyre. Quelle

logique ! La méthode seroit déplacée,
même en attaquant de fausses révélations :
il faut plaindre, & ramener par la douceur & la raison ceux qui s'égarent.
Qu'est-elle donc cette méthode injurieu-
se dirigée contre la vraie révélation ?
C'est outrager Dieu, c'est tromper les
hommes. Ainsi la raison seule prescrit
d'examiner avec zèle & candeur l'existence de la révélation, afin de la respecter & de la suivre, si elle présente
un sceau divin.

La révélation est un moyen certain
de vérité. Elle a pour auteur le Dieu
de la vérité : elle mérite notre *assente-
ment* avec autant de certitude, que si
les objets révélés étoient démontrés directement par la raison. Car s'il est criminel de résister à la saine raison, parce
qu'elle nous trace la vérité de Dieu ; la
révélation nous présente la même autorité, & plus sûre encore. *Le nœud* ne
se tire pas précisément de la justesse de
notre raisonnement, mais de la vivacité de celui qui parle, qui révéle.
Ainsi, que la raison offre l'existence de
Dieu & sa loi : que la révélation y ajoute
la trinité des personnes ou l'incarnation
du Verbe, l'autorité est égale. Ce que la

raifon démontre, eft néceffairement vrai ;
ou bien Dieu qui l'a choifie pour l'organe
de fes vérités, nous tromperoit. Ce que
la révélation nous apprend, eft également
vrai ; puifque Dieu l'a également
choifie comme l'organe des vérités ultérieures & également divines. Ces deux
moyens, quoique différens, forment
deux racines immuables de vérité. La
raifon montre la vérité, & en même
temps le nœud de la vérité. La révélation n'offre ce nœud, que dans cet argument métaphyfiquement certain : *Ce
que Dieu nous annonce, eft effentiellement vrai.* Ce moyen eft auffi irréfragable, que fi nous connoiffions l'objet
révélé, comme nous fçavons que deux
& deux font quatre.

Rien donc n'eft plus jufte que l'autorité de la révélation. Ce n'eft point un
empire defpotique & arbitraire fur l'efprit de l'homme, mais un moyen
ajouté comme un don utile & précieux
à fes facultés naturelles : moyen qui,
loin de les détruire, les exerce, les
foutient. Union mutuelle & admirable !
La raifon expofe les preuves de la révélation, les apprécie ; & d'après leur
certitude, annonce la vérité immuable

de l'objet révélé. La révélation ap-
prouve la raiſon, & porte fur ce fondement éternel. Cette union eſt ſi
réelle, que ſi on propoſoit comme révélé un objet contraire, ou à l'évidence,
ou à la loi morale, il ne ſeroit pas
même néceſſaire d'examiner la révélation ; parce qu'il eſt conſtant que Dieu,
auteur de la raiſon & de la loi, ne peut
rien révéler qui leur ſoit contraire.
Ainſi, quoique l'autorité de la raiſon &
de la révélation porte fur deux organes différens de vérité, elles naiſſent
du même principe, *Dieu.* Qu'il nous
parle par les lumiéres d'une ſaine raiſon, ou par les oracles de ſa révélation, toujours ſa parole eſt-elle infaillible. L'autorité de la révélation eſt
auſſi primitive, auſſi indépendante que
celle de la raiſon ; parce que ſa ſource
n'eſt pas préciſément ſon analogie avec
la raiſon, mais ſa liaiſon avec la vérité
éternelle dont elle émane.

La révélation eſt ſage. Malgré les
ombres qui peuvent l'environner, nous
devons en admirer la juſteſſe & l'économie. D'abord elle eſt ſage dans ſes
objets : ils ſont vraiment utiles. L'homme,
s'il érigeoit des opinions en dogmes,

y montreroit l'empreinte de fa curiofité , de fa vanité, de fa molleffe. Tous
les fonges romanefques ou fuperftitieux
font de cette trempe : rien n'eft plus
vuide , plus puéril , plus indécent que
ce qui vient de cette fource profane.
Tout eft grave, fenfé , utile : tout eft
digne de Dieu, convenable à l'homme
dans la révélation. On fent que ce
n'eft ni l'invention d'une nature fenfuelle , ni la differtation d'une feche Philo-
fophie , ou la combinaifon d'une politique humaine, mais l'augufte langage de
la vérité. Quel eft en effet l'objet de la révélation ? Elle nous imprime une haute
& jufte idée de Dieu , & nous trace
fes perfections ineffables , dont toutes
les recherches Philofophiques réunies
n'avoient encore donné que des no-
tions bizarres & informes : elle y joint
encore la connoiffance des myftéres cachés dans fon fein. La révélation nous
apprend ce que nous fommes , notre
nature, notre état , nos miféres , nos
reffources, nos efpérances, tout ce qui
nous intéreffe , tout ce qui nous
conduit à notre fin. Elle nous inftruit
de la Religion. Les loix éternelles &
pofitives , le culte , tout ce qui peut
remplir

remplir notre hommage, & attirer fur
nous les bienfaits de l'Etre fuprême;
voilà le grand objet des oracles du Seigneur. Rien qui ait rapport à la nature
terreftre, à l'orgueil, aux fciences humaines, au fiécle actuel : tout y tend
à la vertu, à l'immortalité ; & par là
caractérife la divinité de ces lumiéres.

La révélation eft fage dans le moyen
qui annonce la vérité. Il ne préfente
qu'une fimplicité apparente : ce n'eft
point le ton, l'orgueil des Fanatiques,
l'enthoufiafme & le délire des Pithées ou
des Bacchantes, mais un langage fûr &
modefte qui annonce tranquillement,
le Seigneur a parlé, & qui prouve l'o-
racle par des œuvres pleines de grandeur. Cette voie eft plus fûre que toute
autre qui nous livre les vérités naturelles : pas un qui ne puiffe fe reffentir
de nos erreurs & de nos méprifes. Ici
c'eft Dieu lui-même qui attefte la vérité : pouvoit-il nous donner un appui plus folide ? C'eft ainfi que devoit
briller une Religion deftinée à tous
les hommes : nul moyen plus capable
de les éclairer, de diffiper leurs ténè-
bres. Peignons-en l'image fous le paral-

lele de l'opération des fens. Leur miniftére eft prompt, fûr, infaillible : ils affectent avec vivacité : fans étude, fans réflexion, ils livrent à l'ame l'ufage des biens créés. Telle la révélation préfente la vérité fans le fecours du raifonnement : la voie eft plus rapide, plus certaine : l'efprit la fixe en quelque forte, comme les yeux fixent les objets de la nature. Son regard eft à l'abri de toute erreur ; puifqu'envifageant les vérités dans la révélation, il en eft auffi certain que s'il les voyoit dans Dieu même.

La révélation eft fage dans fa proportion & fes rapports : deftinée à tous, aux grands & aux petits, aux fçavans & aux ignorans, il faut qu'elle foit par différentes methodes à la portée de tous : c'eft ce que ne peut remplir le raifonnement. Tous n'en font point capables ; & ceux même qui le font, peuvent s'égarer dans leurs propres penfées. La révélation une fois propofée & conftatée prévient tout écart, & affermit dans la vérité. Dès-lors les fçavans, au lieu de fe perdre dans leurs recherches, de fuivre la variété & l'inconftance de leurs opinions, foumettent leurs lumiéres. Les oracles du Seigneur sont pour eux une loi sacrée qui réprime la légereté, la curiosité, l'orgueil; qui produit la candeur & la simplicité, unique voie de la foi. Dès-lors les ignorans, sans approfondir les objets, sans suivre le fil & l'enchaînement des preuves abstraites, (raisonnement, combinaison au dessus de leurs forces,) s'élevent aux plus hautes vérités, & trouvent dans la révélation un appui, une certitude, que jamais leur raison n'auroit pu leur procurer.

Mais comment discerner la sagesse divine dans une révélation environnée d'ombres impénétrables? Pourquoi d'ailleurs a-t-elle paru si tard? Pourquoi n'éclaire-t-elle pas tous les hommes? Pourquoi tant de rebelles? Pourquoi n'est-elle pas aussi lumineuse, aussi palpable que l'évidence, que le soleil? Pourquoi… Jamais la curiosité & la vanité de l'homme, jointes à la foiblesse & à l'ignorance, n'épuisent les *pourquoi*. On trouve des ténébres dans l'évidence. Il est étonnant qu'on ose critiquer les desseins de Dieu, lui prescrire ses voies. Infiniment libre & indépendant, il l'est sur-tout dans la manifestation toute gratuite de ſes vérités cachées. L'homme ne doit que reſpecter, adorer, bénir. Un mot cependant.

La révélation a des ombres, parce que toutes les vérités divines en ont; parce que d'ailleurs nous ſommes foibles & bornés : le moindre objet de la nature en renferme. Serions-nous étonnés ſi des myſtéres ſublimes ne ſont pas (quant au fond) à la portée de nos foibles intelligences ? Rien ne marque mieux l'orgueil & l'ignorance que cet étonnement, ce murmure, ce ſcandale, ſur la hauteur des objets. Tout eſt grand, tout eſt profond pour un être auſſi petit que l'homme.

Si Dieu a fixé une gradation dans ſes lumieres : ſi l'aurore de la révélation dès la naiſſance du monde a conduit lentement à la lumiére de Moyſe : ſi le jour n'a brillé dans tout ſon éclat que ſous Jeſus-Chriſt ; qui oſera en chercher les raiſons, ou en critiquer les deſſeins ? Quand la ſageſſe en ſeroit cachée, elle n'en eſt pas moins certaine, pas moins adorable. D'ailleurs une lumiére plus ou moins abondante a toujours été ſuffiſante, proportionnée aux devoirs des hommes, & aux vuës de la Providence. Dieu ne demande que ce qu'il donne : il nous suffit de marcher dans tout l'éclat des lumiéres qui nous font offertes. Ceux qui ont eu une route moins lumineufe, ont eu moins de devoirs. Adorons cette proportion fage & profonde, ce rapport de bonté & d'équité entre nos voies & notre fort.

Si la révélation ne foumet pas tous les hommes, la révolte vient du cœur, & non pas de l'infuffifance des preuves. Elle eft d'une certitude à convaincre tout efprit fincére; mais enfin malgré ces vives & fûres lumiéres, il eft des ombres. Percer ce voile pour s'attacher à la vérité, pour la croire & l'adorer, c'eft l'hommage & la gloire de notre efprit. Il eft des préceptes, des loix : leur immoler les penchans d'une fauffe nature, c'eft un facrifice du cœur. Or il eft libre : il n'eft donc plus étonnant que la révélation ne foit pas univerfellement adoptée; ces épreuves rebutent l'orgueil & les paffions. Ainfi préfere-t-on un menfonge flateur à la vérité févére. Dieu doit-il des miracles pour préferver les errans de ce piége ? En doit-il pour néceffiter à la

vertu ? Non : il laiſſe la liberté du choix
ſur la terre : de là les incrédules, de là
les pécheurs.

Non-ſeulement enfin la révélation eſt
ſage, convenable, utile, mais néceſſaire. Ici la preuve git en fait. Si les vérités naturelles avoient été clairement connues avant la révélation, peut-être pourroit-on s'inſcrire contre ſa néceſſité. Mais
dès-lors que les ténébres ont été univerſel-
les, que ſur les objets les plus eſſentiels, *Dieu*, *l'homme*, *la Religion*, on
ne voit pendant tant de ſiécles que la
plus profonde ignorance, que les plus fol-
les ſuperſtitions ; cet aveuglement prouve
la néceſſité d'un moyen autre que celui de la raiſon, pour parvenir à la
connoiſſance de la vérité. Inutilement
détailleroit-on les erreurs du monde
payen : le premier regard ſuffit : il
montre également l'inſuffiſance de la
raiſon, & la néceſſité de la révélation.

Encore ſi ces erreurs n'avoient regné
que parmi le peuple, mais les plus ſages
Philoſophes ont été enſevelis dans ces
ténébres. Il en eſt qui parmi ces ombres épaiſſes ont fait briller quelques
traits échapés de lumiéres : tels So-

crate & Platon ; mais enfin aucun qui ait donné la juste idée de Dieu & de sa loi, de l'homme, de sa vraie nature, de sa fin : aucun qui ait attaqué l'idolâtrie, aucun qui n'y ait participé, qui ne l'ait protégée. De là concluons que l'aveuglement étoit universel. Il falloit donc la révélation pour éclairer les hommes. Aussi c'est depuis ce jour nouveau que les Philosophes payens euxmêmes ouvrirent les yeux sur l'extravagance du Paganisme. N'osant plus le soutenir *crûment*, ils tâcherent d'en ôter l'impiété & le délire, en le spiritualisant par des emblêmes. C'est ce que firent Julien, Maxime, Porphire, Jamblique. Instruits par leurs controverses sur la révélation, ils y apprirent mieux que dans toutes leurs anciennes écoles à se former une notion moins folle de la Divinité, & tâcherent de s'en servir pour justifier la Religion de l'Empire contre le Christianisme.

Et n'est-ce pas encore la tentative de nos Philosophes modernes, lorsqu'ils dirigent la raison contre l'Evangile ? Plaçons les avec toutes leurs lumiéres dans la Grece quatre siécles avant Jesus-Christ;

sûrement ils n'égaleroient point la sublimité de Platon, & la morale de Socrate. Cependant, malgré leurs préjugés, ils ont actuellement sur l'être de Dieu & la Religion essentielle des connoissances bien supérieures à celles de l'antiquité profane. D'où leur viennent-elles? De la révélation. Ils l'attaquent, ils la raillent, ils la blasphément. Ingrats! c'est elle qui leur a donné leurs lumiéres. En perdant insensiblement la foi, ils n'ont pas perdu la notion des vérités primitives, qui quoique renfermées dans la raison, n'ont cependant été bien dévelopées, bien affermies, que par la révélation. Sans elle, osons le dire, ces vérités seroient encore pour eux aussi obscures, aussi incertaines, que dans les écoles d'Athènes ou de Crotone.

Par une gradation de conséquences, comme on tire des ténébres profondes du genre humain la nécessité d'une révélation pour l'éclairer des vérités essentielles à sa nature & à son sort, on déduit de cette révélation l'existence des secours analogues. L'aveuglement de l'esprit supposoit, augmentoit le déréglement du cœur. Et comment les hommes auroient-ils adoré un Dieu qu'ils méconnoissoient, observé une loi qu'ils ignoroient? La révelation, en dissipant ces ténébres, annonce de nouveaux secours conformes aux vérités nouvellement manifestées, aux devoirs imposés; parce qu'il est d'une certitude métaphysique qu'un Dieu qui est sagesse & ordre, n'annonce jamais aucun devoir, n'impose aucune loi, qu'il ne la rende possible. De là il suit qu'indépendamment des preuves particuliéres qui attestent les secours Evangéliques, la seule révélation des lumiéres & des devoirs en démontre l'existence. Ainsi de ces deux miséres profondes de l'homme, *l'aveuglement de son esprit, le déréglement de son cœur,* se tire avec justesse & certitude la nécessité d'une révélation & des secours sans lesquels il n'étoit aucun moyen possible de rendre l'homme à la vérité & à la vertu.

Tel est donc le lien positif, qui conjointement avec le lien éternel forme la vraie Religion. Dans l'hypothèse actuelle ces deux liens sont inséparables: ils s'aident & s'affermissent mutuellement. Là paroît la sagesse du Chrétien,

& l'erreur, l'inconséquence de l'incrédule. Le Chrétien fidéle aux liens sacrés & indispensables qui l'unissent à
l'auteur de son être, comprend qu'il en
est d'autres encore également essentiels,
puisqu'ils naissent de la même autorité.
Devenu coupable, déchu de son état,
les moyens qui peuvent seuls le rendre à la vertu, & le conduire à sa fin ;
ces moyens, sans être éternels, lui sont
aussi nécessaires, aussi précieux, & de-
viennent analogues à la loi naturelle,
sont prescrits par la loi naturelle. Pour lui
la raison & la révélation ne font qu'un
ensemble : différentes dans leur nature,
leur obligation est si liée, qu'on ne peut
les séparer. Point de Christianisme sans
la loi de nature : point de vraie
loi de nature sans Christianisme, puisque sans révélation nous ne pouvons
ni la bien connoître, ni la bien accomplir. C'est la réunion des devoirs éternels & positifs qui forme le véritable
adorateur.

Sur ce principe l'incrédule qui se flatte
d'être fidéle au droit naturel, & de
n'exclure que le droit positif & révélé,
ne remplit réellement ni l'un ni l'autre.
La raison nous obligeant à croire, à

adorer les oracles révélés, on ne peut les méprifer, les rejetter que par là même on ne viole un précepte natu-rel. Prétendre fervir parfaitement le Dieu de la nature, & manquer à une loi effentiele de la nature c'eſt une contradiction formelle. Reſte donc à conſtater la révélation.

Fin du Tome premier.

TABLE DES MATIERES

CONTENUES DANS CE VOLUME.

Tome I.　　　　Q

Fin de la Table.

APPROBATION.

LE dessein de l'Auteur est de justifier le Christianisme de tout reproche de contradiction avec la raison, & de faire voir que le reproche tombe réellement sur l'Incrédule par l'abus qu'il fait de la raison dans ses raisonnemens contre la Révélation. Un Ouvrage de cette importance est propre à affermir les Fidéles dans la Religion, & à y ramener les Incrédules. Je n'ai rien trouvé qui puisse en empêcher l'impression. A Paris ce premier Août 1765.

SALMON, Docteur de la Maison & Société de Sorbonne.

fentes, de faire imprimer ledit Ouvrage autant de fois que bon lui femblera, & de le vendre, faire vendre & débiter par tout notre Royaume pendant le temps de neuf années confécutives, à compter du jour de la date des Préfentes. Faifons défenfes à tous Imprimeurs, Libraires, & autres perfonnes, de quelque qualité & condition qu'elles foient, d'en introduire d'impreffion étrangére dans aucun lieu de notre obéiffance : comme auffi d'imprimer, ou faire imprimer, vendre, faire vendre, débiter, ni contrefaire ledit Ouvrage, ni d'en faire aucun extrait fous quelque prétexte que ce puiffe être, fans la permiffion expreffe & par écrit dudit Expofant, ou de ceux qui auront droit de lui, à peine de confifcation des Exemplaires contrefaits, de trois mille livres d'amende contre chacun des contrevenans, dont un tiers à Nous, un tiers à l'Hôtel-Dieu de Paris, & l'autre tiers audit Expofant, ou à celui qui aura droit de lui, & de tous dépens, dommages & intérêts. A la charge que ces Préfentes feront enregiftrées tout au long fur le Regiftre de la Communauté des Imprimeurs & Libraires de Paris dans trois mois de la date d'icelles ; que l'impreffion dudit Ouvrage fera faite dans notre Royaume, & non ailleurs, en beau papier & beaux caractéres; conformement aux Réglemens de la Librairie, & notamment à celui du 10 Avril 1725, à peine de dechéance du préfent Privilége ; qu'avant de l'expofer en vente, le manufcrit qui aura fervi de copie à l'impreffion dudit Ouvrage, fera remis dans le même état où l'approbation y aura été donnée, ès mains de notre très-cher & féal Chevalier, Chan-

celier de France, le sieur de Lamoignon, &
qu'il en sera ensuite remis deux Exemplaires
dans notre Bibliothéque publique, un dans
celle de notre Château du Louvre, un dans
celle dudit sieur de Lamoignon, & un dans celle
de notre très-cher & féal Chevalier, Vice-
Chancelier & Garde des Sceaux de France, le
sieur de Maupeou; le tout à peine de nullité
des Présentes : du contenu desquelles vous man-
dons & enjoignons de faire jouir ledit Exposant
& ses ayans causes, pleinement & paisiblement,
sans souffrir qu'il leur soit fait aucun trouble ou
empêchement. Voulons que la copie des Présentes, qui sera imprimée tout au long au
commencement ou à la fin dudit Ouvrage,
soit tenue pour duement signifiée, & qu'aux
copies collationnées par l'un de nos amés &
féaux Conseillers, Secrétaires, foi soit ajou-
tée comme à l'original. Commandons au premier notre Huissier ou Sergent sur ce requis,
de faire pour l'exécution d'icelles tous actes
requis & nécessaires, sans demander autre per-
mission, & nonobstant Clameur de Haro,
Charte Normande, & Lettres à ce contraires : CAR tel est notre plaisir. DONNE' à
Paris le trente-uniéme jour du mois d'Août
l'an de grace 1767, & de notre Regne le cin-
quante-deuxiéme. Par le Roi en son Conseil.
Signé, LE BEGUE.

*Regiſtré ſur le Regiſtre XVII. de la Cham-
bre Royale & Syndicale des Libraires & Imprimeurs de Paris, N. 636, fol. 277, con-
formément au Réglement de 1723. A Paris ce
9 Septembre* GANEAU, *Syndic.*